Dirk Brockmann
Im Wald vor lauter Bäumen

DIRK BROCKMANN

IM WALD VOR LAUTER BÄUMEN

UNSERE KOMPLEXE WELT BESSER VERSTEHEN

dtv

3. Auflage 2021
© 2021 dtv Verlagsgesellschaft mbH & Co. KG, München
Das Werk ist urheberrechtlich geschützt.
Sämtliche, auch auszugsweise Verwertungen bleiben vorbehalten.
Für Inhalte von Webseiten Dritter, auf die in diesem Werk verwiesen wird,
ist stets der jeweilige Anbieter oder Betreiber verantwortlich,
wir übernehmen dafür keine Gewähr. Rechtswidrige Inhalte waren
zum Zeitpunkt der Verlinkungen nicht erkennbar.
Grafiken: S. 118: Benedikt Groß, Philipp Schmitt, Raphael Reimann
alle anderen: Dirk Brockmann
Gesetzt aus der Minion Variable Concept 10,5/14
Satz: Fotosatz Amann, Memmingen
Druck und Bindung: CPI books GmbH, Leck
Printed in Germany · ISBN 978-3-423-28299-4

Für Lili und Hannah

*If you are the smartest person in the room,
you are in the wrong room.*

Richard Feynman (1918–1988) –
Nobelpreis Physik 1965

Die Anmaßung der Menschen, Verantwortung für die lebende Erde zu übernehmen, erscheint mir lächerlich – es ist die Rhetorik der Machtlosen. Unser Planet sorgt für uns, nicht wir für ihn. Unser aufgeblasenes moralisches Gebot, eine widerspenstige Erde zu zähmen oder unseren kranken Planeten zu heilen, zeigt nur unsere maßlose Fähigkeit zur Selbsttäuschung. In Wirklichkeit müssen wir uns vor uns selbst schützen.

Wir müssen ehrlich sein. Wir müssen uns von unserer artspezifischen Arroganz befreien. Es gibt keinerlei Anhaltspunkte dafür, dass wir jene einzigartige, auserwählte Spezies sind, für die alle anderen gemacht wurden. Und wir sind auch nicht die wichtigste Spezies, nur weil wir so mächtig, zahlreich und gefährlich sind. Unsere hartnäckige Illusion einer besonderen göttlichen Fügung steht im völligen Widerspruch zu unserer wahren Stellung als aufrecht gehende, kümmerliche Säugetiere.

Lynn Margulis (1938–2012) – Der symbiotische Planet

INHALT

13 Come together

                Komplexität 23

49 Koordination

              Komplexe Netzwerke 69

95 Kritikalität

                  Kipppunkte 121

147 Kollektives Verhalten

                 Kooperation 183

211 Kopfball-Ungeheuer

COME TOGETHER

The Beatles – Abbey Road

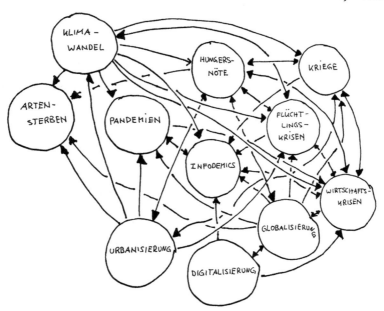

Willkommen in diesem Buch. Damit Sie gleich Bescheid wissen: Der Buchtitel ist metaphorisch gemeint. Sie lesen hier kein Waldbuch, obwohl Sie auch über den Wald etwas erfahren werden. Es waren noch andere Titel im Rennen, »Besser komplex als gar nicht einfach«, »Forschen wie ein Pilz«, »K«, »Komplexität«, etliche mehr. Am Ende haben wir uns für einen entschieden. »Wir«, weil bei dieser Entscheidung viele Menschen mit unterschiedlichen Perspektiven involviert waren. Familie, Freunde, der Verlag, Kolleginnen und Kollegen, meine Lektorin, mein Agent. Ein ganzes *Netzwerk* aus Personen hat hier *kollektiv, kooperativ, koordiniert* und *kritisch* agiert, mal ist die Entscheidung in die eine, mal in die andere Richtung *gekippt*. Schreiben musste ich das Buch allerdings selbst.

Wer das Inhaltsverzeichnis noch vor Augen hat, wird erkannt haben, dass ich in den vorletzten Satz die zentralen Kapitelthemen eingeflochten habe – komplexe Netzwerke, Koordination, Kritikalität, Kipppunkte, kollektives Verhalten, Kooperation –, alles Konzepte, die dabei helfen, unsere komplexe Welt besser zu verstehen. In einem Satz zusammengefasst: Im großen Ganzen geht es darum, die Ähnlichkeiten zwischen komplexen Phänomenen in der Natur einerseits und komplexen gesellschaftlichen Prozessen andererseits zu erkennen, Verbindungen zu knüpfen und aus diesen Verbindungen etwas zu lernen.

Das klingt etwas allgemein und abstrakt. Deshalb ein Beispiel: Am 15. September 2008 meldete die US-amerikanische Investmentbank Lehman Brothers Konkurs an. Der Kollaps eines der größten und traditionsreichsten Bankhäuser der Geschichte war der Höhepunkt der weltweiten Finanzkrise, die etwa ein Jahr zuvor begonnen hatte, zu einem Aktienwertverlust von circa 4000 Milliarden US-Dollar führte und eine Schockwelle in der Weltwirtschaft auslöste. Lehman Brothers hinterließ Schulden von 200 Milliarden Dollar und musste binnen kürzester Zeit etwa 25 000 Mitarbeiter entlassen. Bis dahin hatten Investmentbanken wie Lehman Brothers das Label »too big to fail«. Weil das schiere Gewicht des Unternehmens im weltweiten Finanzmarkt so groß war, ging man davon aus, dass staatliche Interventionen immer dafür sorgen würden, dass ein solches Unternehmen nicht bankrottgeht, weil die Folgen desaströs wären. Bis heute wird unter Fachleuten noch kontrovers diskutiert, welche Mechanismen und Faktoren eigentlich diese Krise ausgelöst haben, wieso sie niemand hatte kommen sehen und weshalb selbst die prominentesten Ökonomen der Welt, wie der Wirtschaftswissenschaftler Alan Greenspan (bis 2006 Chef der amerikanischen Notenbank), öffentlich erklärten, dass die gängigen Theorien, Annahmen und Methoden der Wirtschaftswissenschaft die Realität nur mangelhaft abbilden. Diese Ahnung lag schon länger in der Luft, denn bereits 2006, also zwei Jahre vor der weltweiten Finanzkrise, hatte die US-Notenbank zusammen mit den wichtigsten amerikanischen

Wissenschaftsakademien eine Tagung organisiert, bei der Wissenschaftlerinnen und Experten aus Mathematik, Physik, Ökologie und Ökonomie zusammentrafen, um neu über die Thematik »Systemrisiko« in Märkten nachzudenken und besser verstehen zu lernen, unter welchen Bedingungen diese destabilisiert werden oder binnen kurzer Zeit kollabieren können. Einen wesentlichen Beitrag bei dieser Tagung lieferten Ideen, Einsichten und theoretische Modelle aus der Ökologie. Seit Mitte der 1970er-Jahre steht in der ökologischen Wissenschaft die Frage im Fokus, welche Eigenschaften ökologische Netzwerke so stabil machen. Ihre Stabilität ist ja gewissermaßen durch ihre Existenz über viele Hundertmillionen Jahre erwiesen. Ökosysteme sind hoch dynamische, stark vernetzte, heterogene Systeme, die sich schnell an veränderte Bedingungen anpassen können, also adaptiv sind, und trotz oft stark disruptiver Einflüsse in ein Gleichgewicht zurückfinden können. Bei der Tagung wurden viele Erkenntnisse aus der Ökologie in den ökonomischen Kontext übersetzt und somit Verbindungen zwischen den oberflächlich völlig verschiedenen Bereichen – Ökonomie und Ökologie – geknüpft. In einem kurzen Artikel mit dem Titel »The ecology of bankers«[1] – Die Ökologie der Banker – haben die renommierten Theoretiker Simon Levin und Robert May (1936–2020) etwas später viele dieser Verbindungen diskutiert.

Um solche Art von Brücken zwischen vermeintlich unverwandten Gebieten oder Phänomenen geht es in diesem Buch. Beide, Simon Levin und Robert May, gehören bzw. gehörten zu den profiliertesten und einflussreichsten Wissenschaftlern, die Parallelen zwischen biologischen und gesellschaftlichen Phänomenen untersucht und eine ganze Generation von Komplexitätswissenschaftlerinnen und -wissenschaftlern inspiriert haben. Der eine war ursprünglich Mathematiker, der andere theoretischer Physiker, doch ihre wichtigsten Arbeiten haben sie in der Ökologie, Epidemiologie, den Sozial- und Wirtschaftswissenschaften publiziert.

Wenn ich nach meiner Ausbildung oder nach meinem Beruf gefragt werde, lautet die Antwort mittlerweile: »Ich komme aus der theoretischen Physik.« Die Erwiderung »Ich bin Physiker« habe ich mir abgewöhnt. Warum? Das ist ganz einfach. Bei jeder Aussage kommt es ja nicht nur darauf an, dass richtig ist, was man sagt, sondern dass richtig ist, was gehört wird. Es müssen die richtigen Bilder in den Köpfen der Empfänger entstehen. Das ist bei der Antwort »Ich bin Physiker« nicht immer der Fall, weil ich mich nicht mit den typischen Themen der Physik befasse. Auf die Folgefrage, was denn mein Spezialgebiet sei, antworte ich meist »Komplexitätstheorie«, »Komplexität«, »Komplexitätswissenschaft« oder einfach nur »Komplexe Systeme«. Dann hören die Gespräche entweder auf, oder jemand will es genau wissen, dann verschenke ich dieses Buch.

Ursprünglich habe ich tatsächlich theoretische Physik und Mathematik studiert, aber heute ist meine Einstellung zur theoretischen Physik wie die zu dem Dorf bei Braunschweig, aus dem ich stamme. Ich empfinde emotionale Nähe, manchmal Heimweh, komme zu selten, aber regelmäßig zu Besuch, kenne mich noch aus und habe die Fertigkeiten, die ich dort aufwachsend erlernt habe, nach wie vor parat. Genau wie mein Dorf physisch, habe ich inhaltlich die traditionelle Physik recht früh verlassen. Schon bald habe ich mich neben rein physikalischen Phänomenen besonders für solche aus anderen Disziplinen interessiert. In meiner Diplomarbeit ging es um die Atmung bei Säugetieren, wie sie gesteuert wird und so. Daraus entstand dann Anfang der 1990er-Jahre mein Interesse an neuronalen Netzen, als diese zwar schon lernen konnten, aber noch nicht »Künstliche Intelligenz« hießen, weil die Computer viel zu langsam waren. Bevor ich als ausgebildeter Physiker einen Lehrstuhl in der Biologie übernahm, war ich Professor für Angewandte Mathematik in den USA. Alles etwas durcheinander.

Nach den neuronalen Netzwerken habe ich mich mit Sakkaden beschäftigt. Das sind unsere schnellen, ruckartigen Augenbewegungen, wenn wir ein Bild anschauen oder lesen, weil wir ja nur im Zentrum unseres Gesichtsfelds wirklich scharf sehen (Sie können das überprüfen, indem Sie dieses Buch eine Handbreit nach links oder rechts bewegen, während Sie Ihren Blick fest weiter geradeaus richten und versuchen weiterzulesen). Besser gesagt, sehen wir eigentlich fast immer alles unscharf, nur merken wir es nicht. »It's all in your head« sagt man im Englischen – Das passiert alles in deinem Kopf. Unser Hirn gaukelt uns ein scharfes Gesamtbild vor. Das ist ein Gedanke, den wir später im Buch noch einmal aufgreifen werden. Wenn man experimentell untersucht, wie Menschen zum Beispiel ein Bild betrachten, und mit Linien nachzeichnet, wie sich diese Sakkaden über das Werk bewegen, entsteht ein scheinbar zufälliges Krickelkrakel. Aber in diesem Krickelkrakel sind Strukturen versteckt, statistische universelle Regelmäßigkeiten. Sogenannte Potenzgesetze. Ich werde darauf zurückkommen. Unsere Augen scannen ein Bild weder ordentlich von oben links nach unten rechts (wie beim Lesen), noch springt unser Fokus total erratisch umher. Typischerweise machen unsere Augen sehr viele kleine Sakkaden und selten größere Sprünge. Diese Muster tauchen auch an ganz anderen Stellen in der Natur auf. Wenn man zum Beispiel die Strecken nachverfolgt, die Albatrosse auf Futtersuche bei ihren kilometerlangen Flügen über den Ozean zurücklegen, oder die Wanderungen der brasilianischen Klammeraffen durch den Urwald aufzeichnet, findet man Bewegungsmuster, die sich von dem Krickelkrakel der Augenbewegungsmuster oberflächlich kaum unterscheiden.

Diese kleine Geschichte erklärt in zweierlei Hinsicht, wieso dieses Buch überhaupt entstanden ist und wovon es handelt. Zum einen geht es ums Sehen, um neue Perspektiven und darum, dass in Ihrem Kopf die richtigen Bilder entstehen. So wie wir mit unseren Sakkaden eine betrachtete Szene in unseren Köpfen zusammenbauen, indem wir hintereinander einige Elemente genauer fokussieren (kleine Sakkaden), sie verbinden und in ein Ganzes einflechten (große Sakkaden), soll das Buch Sie durch sehr unterschiedliche Themen und Konzepte lenken und Verbindungen aufzeigen, die Sie vielleicht nicht erwartet hätten. Ich werde in den einzelnen Kapiteln von verschiedenen Phänomenen berichten: Kooperation, Kritikalität, Kipppunkten, komplexen Netzwerken, kollektivem Verhalten und Koordination. Wenn alles gut geht, sollte sich in Ihrem Kopf dann automatisch das Bild »Natur und Gesellschaft aus der Sicht der Komplexitätswissenschaft« ergeben, und Sie werden erkennen, wie diese Themen zusammenhängen. Es ist nicht nur der Anfangsbuchstabe »K«, der sie verknüpft.

Zum Zweiten ist es Anliegen dieses Buches, dass Sie sich von den offengelegten Verbindungen und Gemeinsamkeiten zwischen oberflächlich sehr verschiedenen Natur- und Gesellschaftsphänomenen verzaubern lassen und sie ergründen wollen. Vielleicht geht es Ihnen wie mir. Findet man eine Verbindung, eine Beziehung zwischen ganz verschiedenen Dingen, hat die Erkenntnis etwas Magisches, vor allem, wenn diese Verknüpfungen ein bisschen versteckt sind. Wie kann es sein, dass die Bewegung unserer Augen Ähnlichkeiten mit der Bewegung der Albatrosse und der Klammeraffen hat? Und wie kommt man den Zusammenhängen auf die Spur? Wo ist die Verbindung? Welche Schlüsse können wir daraus ziehen?

Als ich damals Augenbewegungen untersuchte, wollte ich einfach wissen, wie wir die Welt um uns herum wahrnehmen und im Kopf zusammensetzen. Als mir bewusst wurde, dass die Bewegungsmuster unserer Augen den Flugwegen der Albatrosse ähneln und hier offenbar ein fundamentales Gesetz versteckt liegt, kam ich auf die Idee, die Bewegungsmuster von Menschen zu messen. Das war 2004, und damals gab es noch keine Smartphones mit GPS-Funktion. Zusammen mit meinen damaligen Kollegen Lars Hufnagel und Theo Geisel habe ich stattdessen die Bewegung von mehr als einer Million Geldscheinen in den USA untersucht, die Teil des damals populären Internetspiels »Where's George?« (www.wheresgeorge.com) waren. Und siehe da, auch in den Bewegungsprofilen von Menschen zeigten sich ganz ähnliche Muster, universelle Gesetzmäßigkeiten. So kam es, dass ich mich verstärkt mit menschlicher Mobilität und der globalen Ausbreitung von Epidemien über das Flugverkehrsnetz beschäftigt habe. Die Modellierung der Ausbreitung von Infektionskrankheiten ist momentan immer noch ein wichtiger Aspekt meiner wissenschaftlichen Arbeit und durch die

COME TOGETHER

Ausbreitung der Covid-19-Pandemie zwangsläufig in den Fokus der Öffentlichkeit gerückt. Womit ich mich in fünf Jahren beschäftigen werde, weiß ich jetzt noch nicht. Viele meiner Kolleginnen und Kollegen, die sich als Komplexitätswissenschaftler bezeichnen, haben ähnlich erratische Wege durch die wissenschaftlichen Disziplinen hinter sich, einige von ihnen werden Sie in diesem Buch noch kennenlernen. Diese Wege sind nicht untypisch und gleich im nächsten Kapitel werden Sie erfahren, warum.

Der Gedanke zu diesem Buch hat schon lange in mir geköchelt. Am Institut für Biologie der Humboldt Universität halte ich seit fünf Jahren regelmäßig eine gut besuchte Vorlesung über »Komplexe Systeme in der Biologie«. Die Studierenden kommen typischerweise aus der Biologie, aber auch aus vielen anderen Disziplinen. Mein Eindruck ist jedes Jahr, dass die Suche nach Gemeinsamkeiten zwischen den verschiedensten Phänomenen und der integrative Ansatz der Komplexitätstheorie viele fasziniert.

Die Veranstaltung war für mich als Hochschullehrer zunächst eine große Herausforderung, da zum tieferen Verständnis der Zusammenhänge eine solide Ausbildung in Mathematik und Physik hilfreich ist, ich diese aber nicht voraussetzen konnte. Also habe ich mir überlegt, wie man die Inhalte auch ohne Mathematik vermitteln könnte. Für die Vorlesung habe ich dann die »Complexity Explorables« konzipiert (www.complexity-explorables.org), eine Sammlung interaktiver webbasierter Computersimulationen, die verschiedene komplexe Systeme aus Ökologie, Biologie, den Sozialwissenschaften, Ökonomie, Epidemiologie, Physik, den Neurowissenschaften und anderen Gebieten erklärt. Wenn man nicht auf Mathematik zurückgreifen kann, hilft es, Systeme zu »erleben« und mit ihnen zu spielen, dabei können interaktive Computersimulationen sehr hilfreich sein. In diesem Zusammenhang reifte der Gedanke eines Buchs, das den Komplexitätsansatz einem breiten Publikum zugänglich macht.

In meinen Augen liefert gerade heutzutage die Komplexitätswis-

COME TOGETHER

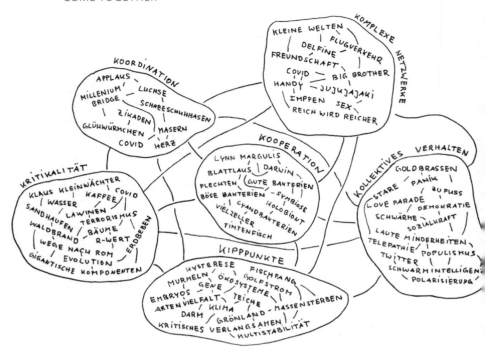

senschaft hilfreiche Perspektiven und Erkenntnisse. Im Januar 2000 wurde der berühmte Physiker Stephen Hawking (1942–2018) in einem »Millennium«-Interview gefragt, was er für das nächste Jahrhundert erwarte. Er antwortete: »I think the next century will be the century of complexity« – Das nächste Jahrhundert wird das Jahrhundert der Komplexität. Für das Verständnis der aktuellen Entwicklungen und zur Bewältigung der Krisen unserer Zeit hielt Hawking einen Ansatz für hilfreich, dessen Kernelement die Suche nach Ähnlichkeiten und Verbindungen ist, der Gemeinsamkeiten in den Fokus nimmt, gerade auch zwischen ganz verschiedenen Wissenschaftszweigen. Denn Naturkatastrophen, Globalisierung, Wirtschaftskrisen, Pandemien, der Verlust an Biodiversität, Kriege und Terrorismus, die Klimakrise, die Folgen der Digitalisierung, Verschwörungserzählungen kann man nicht als isolierte Phänomene betrachten. Nicht nur sind diese Krisen in sich schon ungeheuer komplex und vielschichtig, sondern eben auch häufig miteinander vernetzt.

Um die Probleme zu lösen und aktuelle und sich anbahnende Katastrophen besser zu bewältigen, muss man vernetzt denken. Man muss erkennen können, welche Elemente essenziell sind, und, viel wichtiger, welche Details man vernachlässigen kann. Man muss nach grundlegenden Mechanismen, Mustern und Regelmäßigkeiten suchen. Hierbei geht es aber um mehr als um die rein qualitative Beschreibung der Phänomene. Die Mechanismen, Muster und Regeln sind dann sehr wertvoll, wenn sie nicht nur dabei helfen, ein System zu beschreiben, sondern vorhersagen, wie es auf Veränderungen der äußeren Bedingungen reagiert. Deshalb bietet gerade der Komplexitätsansatz hier eine wirkungsvolle Ergänzung zu den traditionellen wissenschaftlichen Herangehensweisen. In den nächsten Kapiteln werden Sie viele Beispiele aus sehr unterschiedlichen Bereichen kennenlernen, deren Verwandtschaft erst durch die fundamentalen Regeln, die ihnen zugrunde liegen, erkennbar wird. In einer Welt, in der man praktisch das gesamte Weltwissen auf seinem Smartphone mit sich herumträgt, können wir unser Denken auf dynamische Zusammenhänge konzentrieren, ohne in Disziplinen und Wissenssilos abzutauchen.

Sie können dieses Buch konventionell von vorne bis hinten durchlesen. Oder aber kapitelweise von hinten nach vorne. Das geht auch. Eigentlich ist das Buch ein Netzwerk, und Netzwerke haben wie Kreise keinen Anfang und kein Ende. Dennoch ist es ratsam, mit dem Kapitel »Komplexität« zu beginnen. Die Kapitel »Koordination«, »komplexe Netzwerke«, »Kritikalität«, »Kipppunkte«, »kollektives Verhalten« und »Kooperation« können Sie dann in beliebiger Reihenfolge lesen. Die Buchnetzwerkzeichnung ist eine grobe Landkarte für die thematische Orientierung.

KOMPLEXITÄT

Forschen wie ein Pilz

Wissenschaft ist der Glaube an die Ignoranz der Experten.
Richard Feynman (1918–1988), Nobelpreis Physik 1965

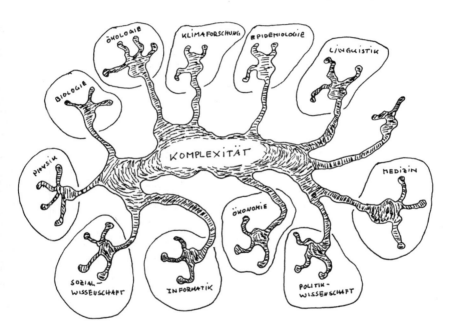

Der Alltag kann kompliziert sein. Das wissen wir alle. Der Kaffeevollautomat. Das Passagierflugzeug. Die Beziehung. Die Bedienung des neuen Telefons. Die Steuererklärung. Alles kompliziert. Im Englischen spricht man von »a lot of moving parts«. Wenn also verschiedene Teile gleichzeitig in Bewegung sind, voneinander abhängen, Einfluss aufeinander üben und man schnell den Überblick verliert, dann ist etwas kompliziert.

KOMPLEXITÄT

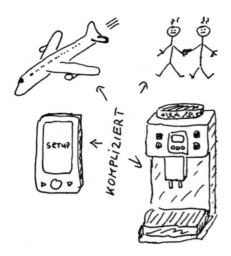

Kompliziertes

Aber sind komplizierte Dinge auch komplex? Und umgekehrt komplexe Systeme zwangsläufig kompliziert? Das Wörterbuch leitet »komplex« aus dem Lateinischen ab (cum = miteinander, plectere = flechten), es bedeutet also »verflochten, vielschichtig«. Ein komplexes System besteht aus verschiedenen Elementen, die miteinander verbunden sind und dabei, wie Flechtwerk, eine Struktur bilden, die in den Einzelelementen nicht erkannt werden kann. So wie beispielsweise in der Häkelmasche noch kein Pullover sichtbar ist. »Komplex« bezieht sich auf die innere Struktur eines Systems oder eines Phänomens, ist also ein objektives Kriterium. Während »kompliziert« sich immer auf die Auffassungsgabe der Betrachtenden bezieht. »Kompliziert« ist subjektiv. Phänomene können außerordentlich komplex, aber unkompliziert sein.

Das einfachste Alltagsbeispiel ist der Spielwürfel. Wenn man ihn wirft und dabei in Zeitlupe betrachtet, erkennt man, wie enorm strukturreich und scheinbar unberechenbar die Bewegung ist, obwohl sie den strukturell sehr einfachen Gesetzen der Newton'schen Mechanik gehorcht. Allerdings sind diese so ineinander verflochten,

Forschen wie ein Pilz

dass sie extrem reichhaltige Bewegungsmuster produzieren. Das Resultat der Augenzahl wirkt zufällig. Doch niemand würde einen einfachen Würfel als kompliziert bezeichnen.

Am besten versteht man komplexe Systeme, wenn man sich zunächst (aber nur ganz kurz) mit Dingen beschäftigt, die nicht komplex sind. Das einfache Pendel einer Wanduhr zum Beispiel. Das Uhrpendel ist nicht komplex. Es bewegt sich gleichmäßig, ist berechenbar, vorhersagbar, etwas langweilig, und kompliziert ist es schon gar nicht. Einfache Pendel werden bei der Hypnose eingesetzt, damit sich das Bewusstsein quasi freiwillig und aus Langeweile abmeldet. Ganz ähnlich, und mathematisch nicht unverwandt, ist die Bewegung der Erde um die Sonne. Jedes Jahr zieht die Erde (näherungsweise) eine Kreisbahn um die Sonne, die Bewegung wiederholt sich alle 365,25 Tage. Ganz einfach, immer im Kreis.

Gibt man dem Pendel allerdings ein zweites Gelenk, sieht die Sache ganz anders aus. Aus dem simplen Pendel ist ein komplexes Doppelpendel geworden. Ähnlich wie beim Würfel sind die Bewegungen des Doppelpendels reichhaltig an Struktur und Schönheit, obwohl der Unterschied zum einfachen Pendel nur ein weiteres Gelenk ist. Sie glauben das nicht? Suchen Sie im Internet nach Videos von Doppelpendeln. Man wird schnell fündig. Auch das Doppel-

Der Spielwürfel ist einfach und komplex.

25

KOMPLEXITÄT

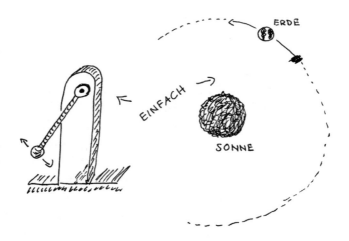

Einfaches. Das Pendel und die Erdbewegung um die Sonne.

pendel folgt den simplen Gesetzmäßigkeiten der Newton'schen Mechanik und der Gravitationskraft, und dennoch macht es wilde Dinge: Es bewegt sich scheinbar völlig unvorhersagbar, mal überschlägt es sich, mal nicht, die Bewegung scheint zufällig.

Das Doppelpendel repräsentiert eine Klasse von komplexen Systemen, die unerwartet komplizierte Strukturen, Eigenschaften oder Dynamik aufweisen, obwohl ihnen ganz einfache Regeln zugrunde liegen. Man könnte ja erwarten, dass für kompliziertes Verhalten auch komplizierte Mechanismen notwendig sind. Das Doppelpendel zeigt ein Verhalten, das sich deterministisches Chaos nennt. Chaotische Systeme wie das Doppelpendel folgen genauen mathematischen Gesetzmäßigkeiten, die es eigentlich erlauben müssten, aus der Kenntnis des Zustands des Systems in der Gegenwart jeden Zustand in Zukunft zu berechnen. So wie wir sehr genau die Bewegung der Planeten praktisch beliebig lang in die Zukunft vorherberechnen können und zum Beispiel genau wissen, wann die nächsten Mond- und Sonnenfinsternis-Ereignisse stattfinden. Für die nächs-

Forschen wie ein Pilz

ten 10 000 Jahre oder länger. Im Prinzip müsste das bei dem Doppelpendel auch gehen, denn die Bewegungsgleichungen sind ja bekannt. Das Problem ist aber: Um den Zustand eines Systems in der Zukunft praktisch vorherzusagen, muss man den Zustand in der Gegenwart kennen, also genau messen können. Bei den Messungen gibt es aber immer Messfehler, die zwar durch immer bessere Messmethoden verringert werden können, aber niemals ganz verschwinden. Nun könnte man meinen, dass ein kleiner Messfehler in der Bestimmung des Anfangszustands auch zu einer kleinen Abweichung in der Vorhersage des zukünftigen Zustands führt. In nicht-chaotischen Systemen, wie bei den Planetenbewegungen oder dem einfachen Pendel, ist das auch so. Wenn ich bei einem einfachen Pendel, sagen wir, einen Messfehler von einem Grad im Pendelwinkel habe, wird meine Vorhersage des Zustands in der Zukunft auch nur etwa einen Grad Abweichung haben. Und hier kommt die Eigenschaft des deterministischen Chaos ins Spiel. Fehler in der Genauigkeit der Messung des Anfangszustands wachsen, sodass man nur kurze Zeit später mit seiner Vorhersage falschliegt. Immer, prinzipiell und fundamental. Ein anschauliches Beispiel aus dem Alltag ist das Billardspiel. Am Anfang werden die 15 Kugeln des Spiels in einer Dreiecksformation auf dem Billardtisch platziert. Bei der Spieleröffnung wird die weiße Kugel mit Wucht auf die Dreiecksformation gestoßen. Leichte Abweichungen in der Ausrichtung der Stoßkugel führen zu völlig anderen Verläufen der getroffenen Kugeln, obwohl die

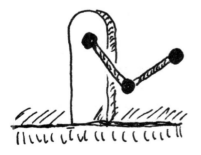

Das Doppelpendel.
Sieht einfach aus, ist sehr komplex.

Bewegungsmechanik der Kugeln, wenn sie aufeinanderstoßen, einfachen Kollisionsgesetzen folgt. Deterministisches Chaos ist in der Natur die Regel und nicht die Ausnahme. Ein anderes Beispiel ist die Wettervorhersage. Die Gleichungen und die Physik, die das Wetter bestimmen, sind bekannt. Aber die Physik des Wetters ist eben chaotisch, und wir können das Wetter nicht drei Monate in die Zukunft berechnen. Es gibt sehr viele Systeme in der Natur, die man selbst dann nicht genau vorhersagen kann, wenn man die Gesetzmäßigkeiten der Bewegung kennt. Das ist etwas enttäuschend, aber auch schön. Letztendlich wird ja alles, was wir sehen, durch recht überschaubare und strukturell einfache fundamentale physikalische Gesetzmäßigkeiten bestimmt. Dennoch ist die Welt voller Komplexität und Unvorhersagbarkeit. Eine fundamentale Ursache hierfür liegt in den Eigenschaften des deterministischen Chaos.

Es geht aber auch andersherum: Sehr komplizierte Systeme zeigen oft einfaches Verhalten, was aber in der Komplexität des Systems nicht unmittelbar erkennbar ist. In der Komplexitätswissenschaft verwendet man den Begriff »Emergenz«, wenn also ohne oberflächlich ersichtlichen Grund aus einem komplizierten Durcheinander eine Ordnung oder Struktur erwächst. Wer schon einmal im Herbst einem großen Schwarm von Staren im Flug zugesehen hat, weiß, welche Magie davon ausgeht. Schwarmverhalten werden wir (auch bei Menschen) noch genauer unter die Lupe nehmen. Bei einem Vogelschwarm, aber auch bei einer La-Ola-Welle im Stadion, bei Phantomstaus auf der Autobahn oder bei der Meinungsbildung in sozialen Netzwerken interagieren viele und in sich schon komplizierte autonome Elemente (einzelne Stare bzw. Fußballfans, Autofahrerinnen und Facebook-Nutzer), die selbstständig Entscheidungen treffen und alle etwas anders auf äußere Einflüsse reagieren. Dennoch kann sich aus solchen Systemen sogenanntes emergentes Verhalten, ein Schwarmverhalten, entwickeln, dessen Struktur man nicht aus dem Studium der Einzelelemente ableiten kann. Auch solche Systeme sind komplex: Viele, individuell unterschiedliche Elemente wirken nach oftmals nicht leicht ersichtlichen Regeln zusammen, sodass unerwartetes kollektives Verhalten entsteht. Ganz typisch ist auch, dass sich die Strukturen oder die Dynamik von selbst ergeben, ohne Instanz also, die das Ganze lenkt und leitet. Komplexe Systeme sind häufig selbst-organisiert. Es gibt keine Leader, keine Dirigenten. Phantomstaus entwickeln sich von selbst.

Auch bei einer Pandemie sind solche Abläufe zu beobachten. Wir erinnern uns: Ende 2019 tauchte in China das neue Coronavirus SARS-CoV-2 auf. Binnen einiger Wochen breitete es sich weltweit aus. Es wird von Mensch zu Mensch übertragen, Reisende bringen es von Ort zu Ort. Die erste Welle nahm Anfang März 2020 in Deutschland Fahrt auf, erreichte einen Höchstwert von etwa 6000 Neuinfektionen pro Tag im April, die Lage war ernst. Der Bevölkerung wurde klar, dass hier etwas Neues, Gefährliches geschah. Es wurde diskutiert, ob das Tragen von Masken etwas nützen könnte, Lockdown-Maßnahmen wurden entwickelt und politisch durchgesetzt. Die erste Welle wurde gebrochen, die Fallzahlen sanken und blieben den gesamten Sommer auf niedrigem Niveau. Dann folgte die zweite Welle und fiel, wie in so vielen anderen europäischen Ländern, viel stärker aus als die erste. Von Anfang an kamen verschiedene Experten zu Wort. Christian Drosten und Sandra Ciesek haben mit ihrem Podcast die Nation an die Hand genommen und durch die Pandemie geführt. Dank ihres Fachwissens und insbesondere ihrer Offenheit gegenüber wissenschaftlichen Studien außerhalb ihres eigenen Fachgebiets gelang es beiden, die Menschen verständlich zu informieren und ihnen ein unverzerrtes Bild der Realität zu vermitteln. Diese Arbeit war von ungeheurer Wichtigkeit. In erster Linie wurden in der Anfangszeit der Pandemie Virologinnen und Virologen konsultiert, es handelte sich schließlich um ein neues Virus. Es musste klassifiziert, das Genom sequenziert werden, die Übertragungswege mussten identifiziert und die klinischen Verläufe untersucht werden. Die Expertise von Epidemiologen und Epidemiologinnen war ebenfalls gefragt. Das Robert Koch-Institut rückte in den Fokus der Medien und informierte über Fallzahlen und Inzidenz.

KOMPLEXITÄT

Die Modellierer, oftmals Physikerinnen oder Informatiker, entwickelten Prognosen, analysierten Daten und erklärten die Fallzahlen. Die deutschlandweite Mobilität wurde vermessen, die Corona-Warn-App entwickelt, um die digitale Kontaktrückverfolgung zu erleichtern. Experten und Expertinnen diskutierten menschliche Kontaktnetzwerke, »Superspreader« wurde ein Schlagwort, und Psychologinnen und Verhaltensforscher untersuchten neue Phänomene wie Pandemiemüdigkeit und die Bereitschaft, sich gegen COVID-19 impfen zu lassen. Neben der Pandemie breiteten sich Verschwörungserzählungen aus, einige Menschen trugen Helme aus Alufolie, Neonazis marschierten mit esoterisch angehauchten Aktivisten im Gleichschritt. Als Gesamtsystem betrachtet, ist eine Pandemie ein hochkomplexes, vernetztes, dynamisches, biologisches, gesellschaftliches, soziales, ökonomisches Phänomen. Unsere Kontakte, unser Sozialverhalten, unsere Mobilität haben das Infektionsgeschehen be-

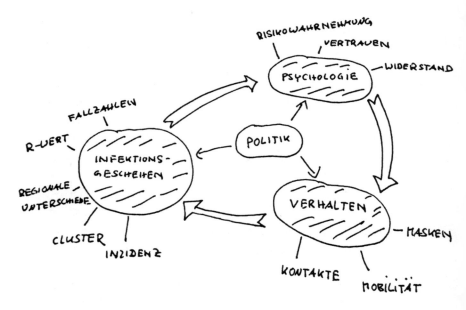

Die COVID-19-Pandemie. Ein komplexes dynamisches Phänomen.

stimmt. Alles in allem kamen unzählige Faktoren zusammen, die am Ende als Geflecht bewirkt haben, wie die Pandemie sich regional, national und weltweit entfaltete.

Gerade deshalb erscheint es natürlich vermessen, die Pandemie in ein mathematisches Gewand zu kleiden. Zu viel Ungewissheit, Unvorhersagbarkeit und zu viel »Faktor Mensch« sind im Spiel. Betrachtet man das Phänomen aber als Ganzes und mit den Werkzeugen, die in diesem Buch vorgestellt werden, zeigen sich schnell Muster in dem Durcheinander von Komplexität. Dabei hilft es, ein paar wiederkehrende Grundprinzipien der Natur zu verstehen, zum Beispiel das Phänomen der spontanen Synchronisation, oder wie kollektives Verhalten aus einfachen Regeln entstehen kann, wie Systeme reagieren, wenn sie sich einem Kipppunkt nähern, oder welche Eigenschaften komplexe Netzwerke haben. Welche Rolle die Kooperation spielen kann, und wie sie entsteht. Alles Themen, die ich im Folgenden behandeln werde.

Das wissenschaftliche Geschick besteht darin, herauszufinden, wie komplexe Phänomene zustande kommen und welchen verborgenen Regeln sie folgen. Hierbei ist besonders frappierend, dass viele komplexe Systeme, egal ob sie in biologischen, physikalischen, gesellschaftlichen, politischen, ökologischen oder ökonomischen Zusammenhängen beobachtet werden, nicht selten unter dem Einfluss ähnlicher fundamentaler Grundregeln entstehen. Diese »horizontalen« Verbindungen zu erkennen und aus ihnen neues Verständnis und Wissen abzuleiten, macht den Wesenskern der Komplexitätswissenschaft aus.

Komplexitätswissenschaft und antidisziplinäres Denken

Was aber ist unter Komplexitätswissenschaft, kurz »Komplexität«, genau zu verstehen? Der erste Schritt zur Komplexität ist keine Hinwendung, sondern eine Abkehr: die Loslösung von klassischen Disziplinen. Im übertragenen (und oft auch nicht nur in diesem) Sinn sind Komplexitätswissenschaftler und -wissenschaftlerinnen undiszipliniert. Von Dritten werde ich aufgrund meines Werdegangs mal als Physiker, mal als Mathematiker, gelegentlich als theoretischer Biologe, zuweilen als Bioinformatiker oder als Epidemiologe vorgestellt. Wie viele meiner Kolleginnen und Kollegen, die sich für komplexe Systeme interessieren, bin ich nie sesshaft geworden in einer Disziplin. Damit hat man eigentlich schon den Kern der Erforschung komplexer Systeme und das Verhalten ihrer Akteure gut beschrieben. Die Komplexitätswissenschaft ist in ihrem Wesen antidisziplinär.

Was heißt das? Sie ist zwar ein Gebiet, aber eines ohne Ränder. Sie erstreckt sich in alle traditionellen Disziplinen hinein und macht sich dort breit. Nicht immer zum Vergnügen der Experten, die da schon sesshaft sind. Viele Komplexitätsfachleute haben zwar bestimmte Forschungsschwerpunkte, die sich in ihrer Laufbahn aber häufig verändern. Sie sind wissenschaftliche Nomaden. Vielleicht liegt das daran, dass sie sich weniger damit beschäftigen, was sie schon wissen, als vielmehr damit, was sie noch nicht verstehen, aber verstehen wollen. Richard Feynman, einer der bezauberndsten Wissenschaftler des 20. Jahrhunderts, Physiknobelpreisträger und unfassbar guter Lehrer, hat einmal gesagt: »If you are the smartest person in the room, you are in the wrong room« – Bist du die schlauste Person im Raum, bist du im falschen Raum. Das könnte man gewissermaßen als Leitmotiv der Komplexitätsforschung wählen. »Neugier« empfinden und leben ihre Protagonisten wortwörtlich.

Wenn Sie sich ein organisches Bild der Komplexitätswissenschaft machen wollen, denken Sie an Pilze. Nicht an die Fruchtkörper, die man an Bäumen oder auf dem Waldboden findet, sondern an das Wesentliche der meisten Pilzarten, das Mycel. Ein typischer Pilz besteht zum größten Teil aus einem unterirdischen, komplexen Geflecht feiner, mikroskopisch kleiner Härchen, über die der Nährstofftransport des Organismus stattfindet. Bei Hallimaschen kann sich das Mycelgeflecht eines einzigen Pilzindividuums über viele Quadratkilometer erstrecken.

Im US-Bundesstaat Oregon wurde im Jahr 2000 ein Hallimasch entdeckt, dessen Mycel sich über eine Fläche von 900 Hektar (3km × 3km = 9 Quadratkilometer) erstreckt. Damit wiegt dieser eine Pilz insgesamt etwa 900 Tonnen, und sein Alter wird auf 2500 Jahre geschätzt. Er gilt als größtes (bislang entdecktes) Einzellebewesen der Erde. Ein zweites wunderschönes Beispiel ist eine andere Pilzspezies *Physarum polycephalum*. Diese Art gehört zu den Schleimpilzen. *Physarum* bildet große, gelblich fadenförmige Netzwerke auf alten verrottenden Baumstämmen, die einige Quadratmeter groß werden können. Das Fadennetzwerk transportiert Nährstoffe durch den ganzen Organismus. Eine interessante Eigenschaft dieser Art ist, dass sie nur aus einer einzigen biologischen Zelle besteht und damit gewissermaßen der größte Einzeller der Welt ist. Das wirklich Faszinierende an *Physarum* ist die Fähigkeit, Optimierungsprobleme zu lösen. Wenn *Physarum* in die Fläche wächst, werden Orte besonders hoher Nährstoffkonzentration erkannt. Zwischen ihnen baut der Organismus dann aus den besagten fadenförmigen Strukturen Verbindungskanäle auf, sodass möglichst effizient die Nährstoffe alle Teile des Gesamtorganismus erreichen können. Vor etwa zehn Jahren haben Wissenschaftler in einem Laborexperi-

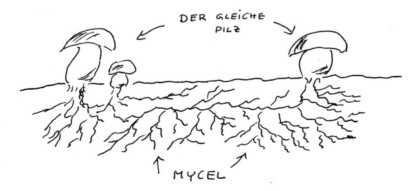

Ein Pilz besteht fast nur aus Mycel, einem unterirdischen, komplexen Geflecht aus Pilzgewebe.

ment Nährstoffquellen in einer Schale so verteilt, dass sie die Stationen der Tokyoter U-Bahn in klein nachbildeten. Dann haben sie einen Physarumkeim über die Schale wachsen lassen. Nach einiger Zeit haben die Physarumfäden erstaunlich genau die tatsächlichen Verbindungen des realen U-Bahn-Netzwerkes nachgebildet.

Ähnlich wie das Hallimasch-Mycel den Waldboden durchdringt und *Physarum* Punkte und Bereiche hohen Nahrungsmittelangebots (tote und bisweilen lebendige Bäume) verbindet, ist die Komplexitätswissenschaft ein Netzwerk, das die traditionellen Wissenschaftsgebiete durchdringt und sie verknüpft.

Nun könnte man mutmaßen, dieser Ansatz laufe Gefahr, sich zu verzetteln und nur oberflächliche Erkenntnisse zu liefern. Das Gegenteil ist der Fall. Luis Amaral ist dafür ein gutes Beispiel. Luis Amaral kommt aus der Physik und aus Portugal. Amaral lehrt an der Northwestern University bei Chicago, wo wir fünf Jahre Kollegen waren. Sicherlich gehört er zu den weltweit profiliertesten Wissenschaftlern auf dem Gebiet der komplexen Systeme. Wenn man sich die Liste seiner erfolgreichsten Publikationen anschaut, findet man Studien zur Struktur und Effizienz von Teams, Abhandlungen zu den Unterschieden der Passnetzwerke verschiedener Fußballmannschaften, die ersten Analysen des weltweiten Flugverkehrsnetzwerks, quantitative Untersuchungen zur Geschlechterungleichheit in Wissenschaft und Wirtschaft, Studien zu Alterungsprozessen bei Menschen und vieles mehr. All diese Arbeiten hatten auf traditionelle Disziplinen wie Biologie, Soziologie, Ökonomie, Epidemiologie und Genderforschung großen Einfluss. Sie haben wichtige Erkenntnisse geliefert und wurden und werden vielfach zitiert. Der essenzielle Wesenszug eines Wissenschaftlers wie Luis Amaral ist, dass unbeantwortete Fragen seine Aktivitäten bestimmen und nicht, welche Vorkenntnisse oder Methoden ihm dabei zur Verfügung stehen.

Das beste Beispiel aber ist der 2020 verstorbene Australier und britische Lord Robert May. »Bob« May war Professor am Department of Zoology der Oxford University und gehörte zu Lebzeiten zu

Forschen wie ein Pilz

den bekanntesten und profiliertesten Wissenschaftlern in Großbritannien. Lange war er Präsident der Royal Society, der angesehenen britischen Wissenschaftsakademie. Erstmals hatte ich Kontakt mit ihm, als ich gerade frisch promoviert war. Bob hat meine Kollegen Lars Hufnagel, Theo Geisel und mich damals ermutigt, unsere Arbeit[2] über den Zusammenhang zwischen der Ausbreitung von Infektionskrankheiten und dem globalen Flugverkehrsnetz bei einer renommierten Zeitschrift einzureichen. Wahrscheinlich wäre mein Leben ohne Bob deutlich anders verlaufen. Persönlich begegnete ich ihm 2005 bei der Frühjahrstagung der Deutschen Physikalischen Gesellschaft in Berlin, wo Bob den Festvortrag hielt. Er berichtete über seine Forschungen zu Kontaktnetzwerken, die Häufigkeitsverteilung von Sexualpartnern und »Superspreadern«[3]. Alles keine Themen, die man bei einer Physikertagung auf der Agenda erwarten würde. Bob war damals schon 69, also eher im Herbst seiner Karriere. Als er mit 84 Jahren starb, nannte ihn die ›New York Times‹ in einem Nachruf einen »unaufhaltsamen Big-Picture-Wissenschaftler«. Bob war Pionier in so vielen Bereichen. Sehr früh hat er sich mit der Stabilität von Ökosystemen beschäftigt und konnte mit einer bahnbrechenden Arbeit zeigen, dass Artenvielfalt an sich Ökosysteme eher destabilisiert (im Gegensatz zur damaligen Überzeugung vieler Experten) und dass folglich andere Faktoren als bloße Vielfalt die Natur stabilisieren müssen (ich komme im Kapitel »Kooperation« darauf zurück). In den 1980er-Jahren hat er zusammen mit Roy Anderson das Gebiet der Modellierung von Infektionskrankheiten praktisch neu erfunden. 1976 veröffentlichte er in der renommierten Zeitschrift ›Science‹ einen Artikel mit dem Titel »Simple mathematical models with very complicated dynamics«[4] – Einfache mathematische Modelle mit sehr kompliziertem Verhalten. Diese Arbeit legte den Grundstein für die Entwicklung der Chaostheorie und der Erforschung chaotischer Systeme, einem anfangs sehr wichtigen Zweig der Komplexitätsforschung.

Bobs Veröffentlichungen hatten immer einfache Titel und stellten einfache Fragen. Hier ein paar Beispiele: »Will a large complex system be stable?« – Ist ein großes komplexes System stabil?, »How many species are there on earth?« – Wie viele Arten gibt es auf der Erde?, »Ecology for bankers« – Ökologie für Banker. Im letzten Abschnitt seiner großartigen Karriere hat sich Bob May mit der Dynamik der Finanzmärkte beschäftigt. Er hat die dynamischen und strukturellen Ähnlichkeiten zwischen Handels- und Finanznetzwerken einerseits und Wechselwirkungsnetzwerken ökologischer Systeme andererseits erkannt und aus diesen Ähnlichkeiten neue Schlussfolgerungen gezogen, die den Experten der jeweiligen Gebiete bis dahin verborgen geblieben waren. Zum Beispiel haben seine Forschungen und Grundlagenanalysen Projekte angeregt, die identifizieren konnten, welche strukturellen Eigenschaften ökologische Netzwerke besonders robust und dynamisch stabil machen. Genau diese Strukturen konnten auch in den Handelsnetzwerken zwischen Banken gefunden werden, mit dem einen, aber wichtigen Unterschied, dass Letztere wachstumsorientiert sind und sich zwangsläufig destabilisieren und kollabieren. Das werden wir noch im Detail diskutieren.

Reduktionismus – aber richtig

Aber wie gelingt es ausgebildeten Physikern wie Luis Amaral und Bob May, viel beachtete Erkenntnisse außerhalb ihres klassischen Gebiets zu gewinnen? Ganz einfach: Sie haben die scharfe Klinge des Reduktionismus in einem anderen Winkel angesetzt. Klassisch werden komplexe Systeme fein säuberlich vertikal in Einzelteile zerlegt, und jede Disziplin und ihre Experten und Expertinnen untersuchen ein kleines Segment, dafür aber in maximaler Detailtiefe.

Der Komplexitätsansatz funktioniert anders. Das Gesamtsystem wird nicht zerlegt, sondern die Kunst besteht darin, zu erkennen, welches die entscheidenden Merkmale sind und welche Details man ignorieren kann. Diese Vorgehensweise, die Kunst des Vernachlässigens (vielleicht die wichtigste Fertigkeit), hat sich die Komplexitäts-

Forschen wie ein Pilz

wissenschaft von der Physik ausgeborgt und in die anderen Gebiete getragen. Bob May hat diese Kunst beherrscht wie kein anderer. Er hat das Essenzielle gesucht, gesehen, extrahiert und dann untersucht. Wissenschaftlerinnen und Forscher wie er haben ihr Methodenköfferchen mit dabei, während sie nomadisierend in der Biologie, Ökologie, Ökonomie, Soziologie, den Neurowissenschaften, der Psychologie und vielen anderen Bereichen unterwegs sind.

Die Prinzipien des »ganzheitlichen Reduktionismus« – das Vernachlässigen nicht-essenzieller Elemente und die Suche nach Universalität – sind so wichtig, dass ich dazu zwei Alltagsbeispiele liefern möchte. Betrachtet man die Porträts beliebiger Menschen, wird man Unterschiede feststellen. Keine zwei Personen sind identisch. Man kann sich aber fragen, was denn eigentlich ein Gesicht zu einem Gesicht macht, was also die wesentlichen Merkmale sind. Man kann ein »Modell« entwerfen, und was dabei herauskommt, ist ein Smiley.

Reduktionismus. Klassisch und komplex.

KOMPLEXITÄT

Ohren können weg.

Das Smiley ist ein gutes Modell für ein Gesicht. Obwohl es nicht realistisch ist, sagt es uns: Augen, Mund und Kopf sind notwendig. Ohren, Nase, Haare, Brille, Pigmentierung, Brauen, Lippen, Zähne sind es nicht, man kann sie weglassen. Gleichzeitig hat man dadurch auch verbindende Elemente identifiziert. Zeige ich meiner 19 Monate alten Tochter Lou Bilder eines PKWs, eines Lastwagens, eines Krans, eines Traktors, eines Sport- oder eines Formel-1-Wagens, sagt sie »Brumm«. So unterschiedlich all diese Fahrzeuge auch sind, meine Tochter erkennt, was die meisten Fahrzeuge auszeichnet, nämlich das Motorengeräusch und die Räder. Dahinter steckt viel mehr als nur die Erkenntnis von Gemeinsamkeiten. Wissenschaftlich betrachtet kann man daraus die universelle Funktion ableiten. PKW, Lastwagen, Sportwagen und Formel-1-Rennwagen würden im Wesentlichen noch funktionieren, wenn man sie auf Motor und Räder reduzierte.

Man erlebt es nicht selten, dass Eltern ihren Kindern sagen, sie seien einzigartig, etwas ganz Besonderes. Gleichzeitig vermitteln dieselben Eltern (hoffentlich), dass alle Menschen gleich sind, die gleichen Rechte haben, dass es keine Unterschiede gibt zwischen verschiedenen Ethnien, dass Geschlecht, Herkunft und Hautfarbe keine Rolle spielen. Und beides ist natürlich richtig. Die Individualität leiten wir aus Unterschieden zu anderen ab, und die Gleichheit aus Ähnlichkeiten. Leider werden gesellschaftlich oft andere Konsequenzen gezogen. Rassismus, Sexismus, Ausländerfeindlichkeit, Kriege, soziale Ungerechtigkeit: All diese Phänomene werden argumentativ aus Unterschieden abgeleitet. Auch die »Sonderstellung« der Art *Homo sapiens* führen wir auf lächerlich unwichtige und in meinen Augen vernachlässigbare Eigenschaften wie Kognition zurück. Wir könnten ebenso argumentieren, dass Elefanten aufgrund ihres Rüssels eine Sonderstellung in der Natur haben. Gemeinsamkeiten haben nicht nur etwas Verbindendes, sondern vielmehr auch etwas Verbindliches, weil es eben nur wenige Möglichkeiten gibt, sich zu ähneln, aber unendliche viele, sich zu unterscheiden. Die moderne Naturwissenschaft hat nur durch diese Verbindlichkeiten ihren Fortschritt erlebt. Stellen wir uns einmal vor, Newton hätte nicht die Verbindung zwischen der Tatsache, dass Dinge runterfallen, und der Bewegung des Mondes um die Erde erkannt. Wir hätten dann vielleicht genaue Messungen, wie sich der Mond um die Erde bewegt, oder wie Dinge, wenn man sie fallen lässt, senkrecht nach unten beschleunigen. Wir hätte Kataloge von Wissen über die Bewegung der Planeten und fallende Objekte. Wir würden vielleicht sogar erkennen, dass Gegenstände mit der gleichen Beschleunigung fallen, unabhängig von ihrer Masse (was Galilei schon wusste). Aber es gäbe keine Verbindung zwischen fallenden Objekten und den Himmelskörpern. Erst die Newton'sche Gravitationstheorie schafft diese Verbindung und grenzt damit die Möglichkeiten ein. Ihr Wert besteht nicht darin, dass sie sowohl fallende Objekte als auch die Bewegung der Planeten berechnen kann, sondern dass sie zwischen diesen Phänomenen eine unfassbar solide Brücke schlägt.

KOMPLEXITÄT

Die Physiker

Es ist auffällig, dass in der Komplexitätswissenschaft vermehrt Physikerinnen und Physiker unterwegs sind. Luis Amaral ist einer, Bob May war einer, und wir werden im Laufe der Kapitel noch einige andere kennenlernen. Aber wieso ist das so? Bob May hat in einem Interview einmal gesagt: »If you have a good background in theoretical physics, you can do anything.« – Hast du eine solide Ausbildung in theoretischer Physik, kannst du alles machen. Bob spielte damit nicht etwa auf eine Allwissenheit, besondere Cleverness oder Intelligenz von Physikern an. Er meinte den großen Handlungsspielraum, den die Physikausbildung eröffnet: You can »do« anything. Er betonte das Handwerk und die Werkzeuge, die zum Einsatz kommen.

Was also zeichnet theoretische Physik aus und unterscheidet die physikalische Denkweise von der in anderen Disziplinen? Mit Physik assoziiert man Teilchenbeschleuniger, Schwarze Löcher, Albert Einstein, dunkle Materie, Quarks, Raumzeit und Relativitätstheorie, Laserstrahlen. Im Schulunterricht muss man langweilige Kugeln beobachten, die eine Ebene runterkullern, Formeln wie »Eff gleich Emm mal A« auswendig lernen und sich mit Newton und Lichtbrechung beschäftigen. Wenn man Glück hat und nicht schon vorher eingeschlafen ist, erlebt man, wie die Lehrerin mit einem Van-de-Graaff-Bandgenerator Blitze erzeugt oder einem Mitschüler damit die Haare zu Berge stehen lässt. Das haut keinen vom Hocker. Leider kommen so die meisten Menschen erst gar nicht in den Genuss, die wahren, versteckten Früchte der Physik zu kosten. In der theoretischen Physik ist ein zentrales Thema, den Dingen auf den Grund zu gehen und sie *gleichzeitig* aus der Vogelperspektive zu betrachten. Das Verborgene, Unsichtbare zu finden, zu explorieren. In der experimentellen Physik macht man, wie der Name schon sagt, Experimente. Sune Lehmann (über den wir noch mehr erfahren) hat mir einmal gesagt: »Physicists shoot at things to see what happens« – Physiker schießen auf Dinge, um zu sehen, was dann passiert. In der theoretischen Physik schält man Phänomene, nach und nach, bis man zur Essenz vorgedrungen ist. Die Werkzeuge, die hier zum Einsatz kommen, sind Mathematik, Messungen, Gedankenexperimente. Und: *Geduld*. Die meisten Menschen verlieren ihr Interesse an der Physik oder, noch schlimmer, denken, dass sie »in Physik und Mathematik« schlecht bzw. untalentiert sind, weil sie sich selbst zu wenig Zeit geben. Geduld und Ausdauer sind das Wichtigste. Einmal wollte ich Geoffrey West, einem berühmten Teilchenphysiker, Komplexitätswissenschaftler und ehemaligen Direktor des Santa Fe Instituts in New Mexico, USA, ein Modell erklären. Zu Anfang des Gesprächs sagte er mir, ich solle das bitte Schritt für Schritt machen, er sei ein sehr langsamer Denker. In der theoretischen Physik will man etwas verstehen, koste es, was es wolle. Die Frage, ob es sich lohnt, ist tabu.

In keiner anderen Wissenschaft tanzen Theorie und Experiment den Tango auf Augenhöhe. Albert Einstein hat in seiner allgemeinen Relativitätstheorie vorhergesagt, dass man Gravitationswellen beobachten müsse, Wellen, die sich durch unser Raumzeitkontinuum ausbreiten, was man damals wegen der fehlenden Technologie noch nicht nachweisen konnte. Der Nachweis hat 100 Jahre auf sich warten lassen und wurde erst 2015 erbracht. In vielen anderen Wissenschaftsdisziplinen spielt die Theorie heutzutage eine geringere Rolle. Das war nicht immer so. Denken wir an Darwin, einen der einflussreichsten Wissenschaftler, der nach langen weltweiten Reisen und durch Naturbeobachtung die Evolutionstheorie formuliert hat. Auch wenn diese nicht, wie in der theoretischen Physik üblich, zunächst in präzise mathematische Formeln gefasst wurde, ist sie doch von der Denkstruktur her eine »physikalische« Theorie, weil sie der Sache auf den Grund geht und weil sie Veränderungen mit Hilfe einfacher Regeln beschreibt. Physikalische Theorien befassen sich in erster Linie mit Veränderungen, mit Dynamik, alles um uns herum ist in Bewegung. Bewegung aber ist etwas sehr Rätselhaftes. In einem Moment ist etwas »so«, im andern »so«. Denken Sie mal drüber nach.

KOMPLEXITÄT

Neben der Mathematik als Werkzeug und der Konstruktion mathematischer abstrakter Modelle erlernt man in der Physik sehr früh die Kunst des Vernachlässigens, was ja in der Komplexitätswissenschaft so wichtig ist. Untersucht man ein System in der Physik, hat man es oft mit verschiedenen Kräften zu tun, die wirken und das Geschehen beeinflussen, man misst sie, versucht den Einfluss abzuschätzen und lässt dann unwichtige und geringe Einflüsse weg. Und eben genau dieses Werkzeug wenden Komplexitätswissenschaftlerinnen und -wissenschaftler auch in anderen Gebieten an.

Mathematik und Modelle

Mathematik ging und geht immer noch Hand in Hand mit der theoretischen Physik. Große theoretische Physiker und Physikerinnen der Vergangenheit waren nicht selten auch Mathematiker bzw. Mathematikerinnen. Das ist auch heute oft so. Was man dabei leicht vergisst: Zur Zeit Newtons und selbst noch vor 100 Jahren wurde Mathematik auch in anderen Disziplinen viel häufiger angewendet und als »Werkzeug« genutzt. Goethe verstand Mathematik. Bach verstand Mathematik, was in seinen Kompositionen klar erkennbar ist. Carl Friedrich Gauß, von vielen als größter Mathematiker aller Zeiten bezeichnet, wollte in jungen Jahren zunächst Philologie studieren, er sprach mehrere Sprachen fließend und interessierte sich für Sprach- und Literaturwissenschaft ebenso wie für Mathematik. Leonhard Euler (nach dem die Euler'sche Zahl benannt ist) hat sich mit Musiktheorie beschäftigt. Ende des 17. Jahrhunderts entwickelten Isaac Newton und Gottfried Wilhelm Leibniz unabhängig voneinander die Differentialrechnung, einen Bereich der Mathematik, der die gesamte Wissenschaft revolutionieren sollte. Unmittelbar danach hat Daniel Bernoulli, ein Schweizer Mathematiker, Methoden aus der Differentialrechnung praktisch angewendet, und zwar nicht etwa in der Physik, sondern in der Epidemiologie. Zu seiner Zeit wurde die Impfung gegen Pocken wissenschaftlich heiß diskutiert, es gab Fürsprecher und Gegner. Bernoulli hat sich Zahlentabellen angeschaut und ein einfaches mathematisches Modell entwickelt, um modellbasiert die Frage der Impfung zu beantworten.[5] Anderson McKendrick, ein schottischer Militärarzt, entwickelte in den 1920er-Jahren mathematische Modelle für Epidemien, die im Kern heute noch verwendet werden.[6] Oft wird angenommen, dass mathematische Modelle, Formelwerk und Gleichungen dazu dienten, »um etwas auszurechnen« oder präzise Aussagen zu treffen. Das ist aber nur die halbe Wahrheit. Der fundamentale Sinn der Mathematik in der Anwendung liegt hauptsächlich darin, Gedanken zu sortieren, zu präzisieren und den Prozess der Vereinfachung, des Vernachlässigens und der Abstraktion systematisch zu erleichtern.

Im Lauf der COVID-19-Pandemie wurden verschiedene mathematische Modelle öffentlich diskutiert. Es gibt natürlich komplizierte mathematische Computermodelle, die eine reale Situation mit allen Details abbilden und so möglichst präzise Vorhersagen treffen sollen. Das gilt allerdings für Phänomene, deren Mechanismen man im Kern verstanden hat, deren »Gleichungen« und Regeln man kennt, aber nicht mit Papier und Bleistift lösen kann. Aber gerade bei Phänomenen, die noch nicht verstanden sind, die erst enträtselt werden müssen, bei denen man nicht weiß, welche Elemente essenziell sind und welche peripher, dienen mathematische Modelle dazu, genau das herauszubekommen.

Warum Komplexitätsforschung heute so wichtig ist

Die wissenschaftliche Landschaft ist auf allen Ebenen mit Grenzen durchzogen. Ähnlich wie Deutschland aus Bundesländern besteht und diese wiederum aus Städten und Landkreisen, die ihrerseits in Gemeinden zerteilt sind, gibt es Natur-, Geistes-, Politikwissenschaften und viele mehr. Die Naturwissenschaften fächern sich auf in Physik, Chemie, Biologie, Ökologie, Geologie und unzählige andere. Die Lehrstühle an den Universitäten sind mitunter so spezialisiert, dass ihre Inhaberinnen und Inhaber sich thematisch etwas beengt fühlen müssen. Diese Entwicklung ist insofern folgerichtig, als immer mehr Wissen in verschiedenen Bereichen angesammelt wird und es selbst in einem kleinen Bereich fast unmöglich erscheint, den Überblick über den aktuellen Stand der Forschung zu behalten. Konrad Lorenz sagte einmal, dass Experten immer mehr über immer weniger wissen, bis sie alles über nichts wissen. Sehr früh spezialisieren sich Studierende, und immer seltener haben sie Zeit, in andere wissenschaftliche Bereiche Ausflüge zu unternehmen. Es entwickelt sich eine Art akademische Provinzialität, was schlecht ist, vor allem, wenn es um das Verständnis komplexer Phänomene geht.

Kommen wir noch mal auf das Beispiel der COVID-19-Pandemie zurück. Gerade dieses Phänomen kann nicht isoliert mit Methoden und Fachwissen aus der Virologie oder Epidemiologie verstanden werden. Psychologische Prozesse spielen eine Rolle, Mobilitäts- und Kontaktnetzwerke, menschliches Verhalten, politische Dynamik, alles ist ineinander verzahnt. Deshalb mag es auf den ersten Blick sinnvoll erscheinen, wenn sich Experten und Expertinnen verschiedener Spezialgebiete zusammensetzen, ihr Wissen austauschen und sich gegenseitig erklären, welche Fakten berücksichtigt werden müssen, welche Elemente einen Einfluss haben. Und: einander zuhören. Das ist prinzipiell hilfreich, aber hin und wieder problematisch, wenn die Akteure die jeweilige »Sprache« und Denkweise der anderen Disziplinen nicht oder nur schlecht verstehen. Wer schon einmal in Deutschland mit einem Dutzend Professoren und Professorinnen an einer Diskussion zu einem komplexen trans-disziplinären Thema teilgenommen hat, weiß, dass hier nicht selten eher auf Sendung als auf Empfang gestellt wird, man lehrt lieber, als dass man lernt. Es geht in der Kommunikation aber nicht nur um die Vermittlung von Wissen, sondern auch von Perspektiven, von Denkweisen. Oft prallen hier Welten aufeinander, »fokussierte« Wissenschaftler empfinden die Erkenntnisse ihres kleinen Teilgebiets oft als beson-

Forschen wie ein Pilz

Was unterschiedliche Experten sehen.

ders »groß« und »wichtig«. Wird mit dieser Einstellung ein komplexes Phänomen betrachtet, kommt es zu einer Verzerrung der Realität. Ein einfaches Beispiel: Zeigte man einer Fotografin, einem Parfümhersteller und einem Politiker dieselbe Skizze eines Gesichts, würden sie aufgrund ihres Berufs wahrscheinlich ganz unterschiedliche Bilder wahrnehmen, die einzelnen Elemente des Gesichts verschieden gewichten. Diese Karikaturen in unseren Köpfen sind ganz natürlich und geprägt durch die Dinge, mit denen wir uns beschäftigen.

Damit solche Verzerrungen nicht entstehen, ist es außerordentlich wichtig, sich bei aller Spezialisierung auch ab und an auf Reisen zu machen in andere Gebiete und die Perspektiven der anderen einzunehmen.

KOMPLEXITÄT

In Deutschland sind die Gräben besonders tief zwischen den Natur- und Geisteswissenschaften. Hier finden wenig Kommunikation und Transfer statt. Weil so wenig kommuniziert und die Sprache der »anderen« nicht gesprochen oder verstanden wird, passiert es ab und an, dass in dem einen Gebiet Entdeckungen gemacht werden, von denen das andere begeistert wäre, wenn es davon nur erfahren würde.

Glücklicherweise läuft aber langsam eine kleine Revolution an. Immer mehr Wissenschaftler und Wissenschaftlerinnen knüpfen Verbindungen zwischen Natur- und Sozialwissenschaften, extrahieren gemeinsame fundamentale Mechanismen und universelle Gesetzmäßigkeiten, die ganz unterschiedlichen Phänomenen zugrunde liegen. Vor allem die Komplexitätswissenschaft treibt dieses Geschehen voran und schert sich nicht um die Grenzen und die Karikaturen in den Köpfen. Deshalb ist sie so wichtig. Sie baut Brücken.

Mittlerweile gibt es weltweit einige Institute, die den antidisziplinären Ansatz und die Philosophie der Komplexitätstheorie verfolgen und auf die Verknüpfung traditioneller Disziplinen setzen. Am renommierten Santa Fe Institute in New Mexico, USA, arbeiten eine ganze Reihe sehr unterschiedlicher Wissenschaftler und Wissenschaftlerinnen, sie suchen Verbindungen zwischen Ökologie und Ökonomie, zwischen Evolutionsprozessen in der Natur und Linguistik, zwischen Konfliktforschung und kollektivem Verhalten bei Tieren. Am Northwestern Institute on Complex Systems in Chicago, an dem ich selbst tätig war, habe ich in diversen Projekten mit Politologen, Sozialwissenschaftlerinnen und Linguistinnen zusammengearbeitet. In Turin wurde das Institute for Scientific Interchange gegründet. Hier werden Themen wie Digitale Epidemiologie, Netzwerkforschung und Hirnforschung unter einem Dach betrieben. In Wien wurde der Complexity Science Hub ins Leben gerufen, mit Themenschwerpunkten wie Gesundheit, Cryptofinance, Science of Cities, Econophysik, die methodisch miteinander verbunden werden. Komplexität kommt – aber in Deutschland offenbar spät – an.

Hier hat man leider diese Ideen noch nicht so verinnerlicht. Antidisziplinäres Denken ist noch wenig populär und auch ein bisschen unbekannt. Das hat vielleicht kulturelle Gründe. Vielleicht gibt es hierzulande noch zu viele Grenzen in unseren Köpfen, wiegen die Unterschiede immer noch schwerer als die Gemeinsamkeiten. Aber vielleicht ändert sich das gerade. Hoffentlich.

KOORDINATION

Was fünf Metronome, eine Dachlatte und zwei Getränkebüchsen mit erfolgreichen Börsenmaklern gemein haben

Aus irgendeinem Grund mögen wir es zu synchronisieren.
Steven Strogatz

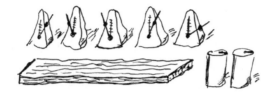

Der 10. Juni 2000 war in London kein normaler Tag. Mit zweimonatiger Verspätung wurde die Millennium Bridge nach zweijähriger Bauzeit eröffnet. Die etwa 325 Meter lange Fußgängerbrücke verläuft in Nordsüdrichtung über die Themse, sie verbindet die Innenstadt mit der Südseite Londons und bildet eine gedachte Linie zwischen St. Paul's Cathedral im Norden und der Tate Modern Gallery im Süden. Die Millennium Bridge wurde als architektonisches Prestigeobjekt zur Jahrtausendwende gehandelt und entstand aus der Zusammenarbeit des weltberühmten britischen Architekten Norman Foster, der auch die Glaskuppel des Berliner Reichstags entworfen hat, des bekannten Bildhauers Anthony Caro und des renommierten Ingenieurbüros Arup. Hier waren keine Anfänger am Werk. Als Hängebrücke konzipiert, wurden die Seile aber anders als üblich nicht vertikal an hohen Pfeilern aufgehängt, um die Brückenplattform zu tragen, sondern horizontal angeordnet. Wie eine »Klinge

KOORDINATION

aus Licht« sollte die Konstruktion wirken – womit Norman Foster auf eine Kindheitserinnerung an die Science-Fiction-Figur Flash Gordon anspielte, der in einer Szene eine Art Lichtklinge aus seinem Schwert über eine Schlucht schießt, um diese darauf zu überqueren. Die nun echte Brücke war für die Last von rund 5000 Fußgängern gleichzeitig ausgelegt. Ihre Eröffnung wurde als großes Spektakel inszeniert, und am 10. Juni schlenderten etwa 100 000 Londoner und Touristen über die Brücke. Zwei Tage später wurde sie wieder geschlossen.

Was war passiert? Während am Eröffnungstag viele Passanten die Brücke überquerten, schwankte die Konstruktion plötzlich in einem gleichmäßigen Rhythmus etwa einmal pro Sekunde horizontal hin und her. Später stellte man fest, dass sie etwa sieben Zentimeter in jede Richtung schaukelte. Dabei waren nie mehr als etwa 2000 Menschen gleichzeitig auf der Brücke, also deutlich weniger, als die Konstruktion vertragen sollte. Und nicht nur schwankte die Brücke, alle Passanten gingen plötzlich selbst schwankend im Gleichschritt, um die Bewegung der Brücke zu kompensieren und nicht hinzufallen. In Interviews berichteten Augenzeugen, dass es äußerst schwierig war, auf der Schaukelbrücke das Gleichgewicht zu halten. Natürlich wussten die Konstrukteure, dass es heikel wäre, wenn große Menschenmengen im Gleichschritt über Brücken gehen, da diese dadurch in Schwingung geraten können. Aber warum sollte das geschehen? Und die Brückenpassanten sind ja zunächst auch gar nicht im Gleichschritt gelaufen! Erst als die Brücke schon wackelte, hat sich die Gleichschrittbewegung eingestellt.

Was die Augenzeugen am 10. Juni beobachteten, bezeichnet man als Phänomen der spontanen Synchronisation, wenn aus einem Chaos und Durcheinander von Bewegungen plötzlich und ohne äußere Kräfte oder Koordination Ordnung in Form synchroner Bewegungen entsteht. Und zwar nicht durch eine zufällige Verkettung unwahrscheinlicher Ereignisse, sondern zwangsläufig. Die Entstehung solch einer spontanen dynamischen Ordnung aus dem Nichts erscheint zunächst rätselhaft, wie es auch der berühmte niederländische Wissenschaftler Christiaan Huygens (1629–1695) in einem Brief an seinen Vater beschrieb. Dieser Bericht gilt als erste dokumentierte Beobachtung spontaner Synchronisation. Huygens gehörte seinerzeit zu den profiliertesten Wissenschaftlern Europas. Er war Mathematiker, Physiker und Astronom, hat hervorragende Teleskope konstruiert, den Saturnmond Titan entdeckt und die Idee, dass Licht ein Wellenphänomen ist, entwickelt. Also ein Genie. Huygens war auch von der Zeitmessung fasziniert und konstruierte mit dem Uhrmacher Salomon Coster die ersten Pendeluhren. Diese Pendeluhren waren so präzise, dass sie während eines Tages nur um zehn Sekunden falsch gingen, für die damalige Zeit eine unfassbare Genauigkeit. Präzise Uhren zu konstruieren, war äußerst lukrativ, weil nur mit der genauen Uhrzeit auf Seereisen der Längengrad bestimmt werden konnte. Huygens hat sich seine Pendeluhren patentieren lassen. In dem besagten Brief[7] an seinen Vater berichtet er:

»Ich war einige Tage dazu gezwungen, im Bett zu verweilen und beobachtete an meinen zwei neuen Pendeluhren ein wundervolles Phänomen, das sich niemand hätte ausdenken können. Die beiden Uhren hingen an der Wand in einem Abstand von zwei bis drei Fuß und ihre Pendel bewegten sich mit einer so hohen Präzision im Gleichtakt, dass sie nie voneinander abwichen. Ich dachte mir, die Pendel machten das aus einer Art Sympathie zueinander, denn wenn ich ihren Gleichgang unterbrach, und sie sich unterschiedlich bewegten, waren sie nach einer halben Stunde wieder im Gleichschritt und blieben es auch.«

Huygens war so verzaubert von dem Effekt, dass er untersuchte, unter welchen Bedingungen diese spontane Synchronisation stattfand. Wenn er die Uhren mit großem Abstand voneinander an die Wand hängte, synchronisierten sie sich nicht. Befestigte er zwei Uhren an einem Balken, der wiederum auf den Lehnen zweier Stühle lag, synchronisierten sie sich.

Wer sich selbst von dem faszinierenden Phänomen der sponta-

KOORDINATION

Das Pendeluhrenstuhl-Experiment von Christiaan Huygens

nen Synchronisation überzeugen will, kann mit einer Handvoll Metronomen, einem dünnen Brett von etwa 50 Zentimetern Länge und zwei leeren Getränkebüchsen folgendes Experiment durchführen: Man befestigt die Metronome im Abstand von etwa zehn Zentimetern in einer Reihe auf dem Brett und legt das Brett auf die längs auf einem Tisch platzierten Getränkebüchsen. Mit den Taktgewichten am Metronom stellt man für alle Geräte in etwa die gleiche Taktfrequenz ein. Dann wirft man die Metronome an. Zunächst klicken diese asynchron durcheinander. Nach ein paar Minuten aber bewegen sich die Pendel im Gleichtakt. Hebt man jetzt das Brett vorsichtig von den Büchsen und setzt es auf dem Tisch ab, verlieren die Metronome ihren Gleichschritt. Erst wenn das Brett wieder auf dem

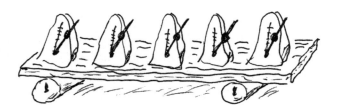

Das Synchronisationsexperiment für zu Hause

beweglichen Untersatz der zwei Büchsen liegt, finden sie erneut wie von Geisterhand ihren Gleichtakt. Wenn Sie das nicht nachbauen wollen, können Sie auch einfach »Metronom Synchronisation« im Suchfeld von YouTube eingeben und sich in diversen Videos davon überzeugen, dass das funktioniert.

In den drei geschilderten Fällen – den Schwankungen der Millennium Bridge mit ihren Passanten, den Pendeluhren Huygens' und den Metronomen – wirkt derselbe Mechanismus. Um es am Beispiel der Millennium Bridge zu erklären: Solange die Fußgänger nicht synchron über die Brücke marschieren, bewegt sich die Brücke mehr oder weniger zufällig in die eine oder andere Richtung im Millimeterbereich. Das liegt an äußeren Einflüssen wie Wind und den vielen kleinen Schrittimpulsen der Fußgänger, denn jede Konstruktion ist ja etwas beweglich. Diese kleinsten Schwankungen werden nicht wahrgenommen, führen beim Gangmuster der einzelnen Passanten aber zu ganz leichten Veränderungen. Ohne dass die Personen das überhaupt wahrnehmen, sind ihre unterschiedlichen Gehrhythmen ein ganz klein wenig ähnlicher geworden, weil alle automatisch versuchen, die leichten Bewegungen der Brücke zu kompensieren. Das wiederum verstärkt sowohl die Brückenschwingung etwas, gefolgt von der erneuten Angleichung der Gangart. Dieser Rückkopplungsprozess steigert sich, bis die ganze Brücke schaukelt und alle Passanten im Gleichschritt gehen. Im Experiment mit dem beweglichen Brett übt jedes Metronom kleine Kräfte auf die Horizontalbewegung der Konstruktion aus, die den Takt der anderen Geräte leicht verändert, und genauso funktioniert es bei den Pendeluhren an der Wand.

KOORDINATION

Schneeschuhhasen, Luchse, Glühwürmchen und Zikaden

Aber wie typisch sind solche Phänomene in der Natur oder in unserem Verhalten? Um diese Frage zu beantworten, muss man sich zunächst klarmachen, welche Zutaten notwendig sind, damit Synchronisation überhaupt stattfinden kann. Wesentlich sind dynamische Elemente, die oszillieren, also schwingen, und ihren eigenen Rhythmus haben, also immer wieder eine Bewegung oder eine Abfolge von Zuständen von selbst wiederholen. Das ist in der Natur sehr typisch, wo es überall Rhythmen und Oszillationen gibt: Die Erde dreht sich um die Sonne, der Mond um die Erde, die Erde dreht sich um sich selbst. Auf der Sonne entstehen Sonnenflecken in einem Elfjahreszyklus. Pflanzen und Tiere haben sich an die Tag- und Nachtzyklen angepasst. Keineswegs aber werden diese circadianen Rhythmen biologischer Organismen nur durch äußere Reize bestimmt. Im Gegenteil, die meisten Tiere und sogar verschiedene Einzeller haben innere Uhren, die an den Tag-Nacht-Rhythmus angepasst sind. Wie stark der Einfluss unserer inneren Uhren ist, erlebt man beim Jetlag. Es dauert oft Tage, bis die innere Uhr sich auf eine andere Zeitzone eingestellt hat. Experimente mit Tieren, die man von äußeren Einflüssen isolierte, haben gezeigt, dass diese weiter ihrer inneren Uhr folgend im Tag-Nacht-Rhythmus blieben.

Selbst in ganzen Ökosystemen beobachtet man Oszillationen. Das prominenteste Beispiel ist ein Räuber-Beute-System aus dem Norden Kanadas. Dort leben der kanadische Luchs (*Lynx canadensis*) und der Schneeschuhhase (*Lepus americanus*), von dem sich der Luchs mit Vorliebe ernährt. Eine Zeitreihe ihrer Populationsgröße zeigt über den Zeitraum von 1845 bis 1935 einen klaren Zehnjahreszyklus, der Ökologen und Biologinnen schon früh fasziniert hat.[8] Wieso verändert sich die Population der beiden Arten in einem bestimmten, sehr regelmäßigen Rhythmus?

1925 und 1926 haben der österreichisch-amerikanische Chemiker und Versicherungsmathematiker Alfred Lotka und der italienische

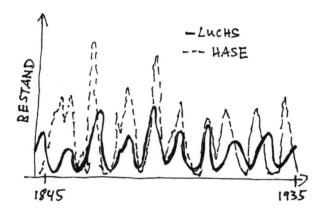

Die Populationsdynamik der kanadischen Luchse und Schneeschuhhasen über einen Zeitraum von 90 Jahren.

Mathematiker und Physiker Vito Volterra ein einfaches mathematisches Modell aufgestellt, das die Oszillationen des Luchs-Hasen-Systems erklärt und zeigt, dass diese Art von Langzeitoszillationen in ökologischen Systemen durchaus typisch sein können. Das sogenannte Lotka-Volterra-Modell wird noch heute als Basis vieler mathematischer Modelle in der theoretischen Ökologie verwendet.

Im Wesentlichen entstehen die Oszillationen bei den Luchsen und Hasen so: Ist der Luchsbestand klein, können die Hasen sich ungestört vermehren, ihre Population wächst praktisch unkontrolliert, weil die Fressfeinde fehlen. Gibt es dann viele Hasen, können die Luchse sich gut vermehren, weil genug Nahrung vorhanden ist, die Hasenpopulation wird dezimiert. Dann sind aber so viele Luchse vorhanden, dass nicht mehr genug Fressen zur Verfügung steht, die Luchspopulation wird kleiner. Dieser Prozess wiederholt sich alle zehn Jahre. Mechanistisch bezeichnet man ein solches System als Aktivator-Inhibitor-System. Die Hasen sind in diesem Beispiel der Aktivator, weil sie die Vermehrung der Luchse fördern. Die Luchse sind die Inhibitoren, weil sie die Vermehrung der Hasen bremsen.

KOORDINATION

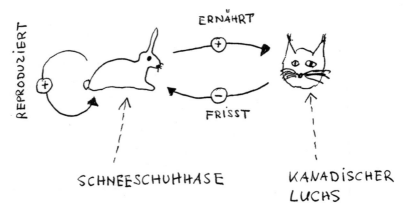

Die Dynamik der Populationen der kanadischen Luchse und der Schneeschuhhasen können schematisch als Aktivator-Inhibitor-System aufgefasst werden.

Die Oszillationen im Räuber-Beute-System der kanadischen Luchse und der Schneeschuhhasen finden über Hunderte Kilometer statt und können geographisch auch als Synchronisationsphänomen verstanden werden. Teilen wir gedanklich das Gesamtgebiet in kleinere Areale mit jeweils einem eigenen Bestand von Luchsen und Schneeschuhhasen, so würde jede kleine Subpopulation zunächst in einem von den anderen Gebieten unabhängigen Rhythmus schwingen. Im ausgedehnten Habitat aber kommt es dennoch zu synchronisierten Oszillationen, weil die Schneeschuhhasen und Luchse von einem in das benachbarte Habitat wandern können. Der Austausch synchronisiert dann die Oszillationen der einzelnen Gebiete.

Viele natürliche Habitate, gerade in Europa, werden allerdings fragmentiert und zum Beispiel durch den Bau großer Straßen und Rodung voneinander getrennt. Aus ökologischer Sicht sind solche Fragmentierungen ein Riesenproblem, denn wenn eine Art in einem abgetrennten Habitat ausstirbt, können aus anderen Gebieten keine Individuen dieser Art neu zuwandern. Dieses Phänomen der arterhaltenden Zuwanderung nennt man Rescue-Effekt, und er ist ein wichtiger stabilisierender Faktor in Ökosystemen. Deshalb werden mittlerweile vermehrt Grünbrücken, Autobahnbrücken speziell für Wildtiere, gebaut, sodass vormals getrennte Habitate wieder verbunden sind. Allerdings können künstliche Habitatverbindungen auch den gegenteiligen Effekt haben. Zwei unabhängige Habitate können unter natürlichen Umständen nur schwache, voneinander unabhängige Oszillationen zeigen, wie zwei Huygen'sche Wanduhren, die weit voneinander entfernt befestigt sind. Verbindet man die Habitate, sodass Tiere einfach zwischen beiden hin und her wandern können, kann es vorkommen, dass sich die Dynamik in beiden Habitaten synchronisiert und es zu starken Schwankungen im Bestand einer Art kommt. Das wiederum kann die Aussterbewahrscheinlichkeit erhöhen, und man hätte durch eine Habitatverbindung das Gegenteil dessen erreicht, was man ursprünglich bezweckte.

Für ein weiteres wunderschönes Beispiel für Synchronisation begeben wir uns nach Malaysia, genauer an die Mündung des Flusses Selangor. Wenn es nicht regnet, kann man nach dem Sonnenuntergang ein einzigartiges Naturschauspiel erleben. Lässt man sich auf einem Boot auf dem Fluss treiben, fangen die Wälder entlang der Uferböschung plötzlich in Tausenden Lichtern an zu blitzen. Es sind kurze grüne Lichtblitze, die nicht länger als eine Zehntelsekunde dauern. Etwa nach einer halben Stunde geschieht dann Bizarres: Aus dem Durcheinander von Lichtblitzen werden flächige Blitze, alle kleinen Blitzquellen haben sich synchronisiert, und der ganze Wald pulsiert in einer Frequenz von 3,7 Blitzen pro Sekunde in grellem grünem Licht. Was wie eine gigantische, außer Kontrolle geratene Weihnachtslichterkette anmutet, ist in Wirklichkeit biologischen Ursprungs. An den Blattspitzen der Bäume befinden sich Tausende Glühwürmchen der Art *Pteroptyx tener*[9]. Bei dieser Art locken die Männchen mit schnellen Lichtpulsen Weibchen an. Der biochemische Mechanismus ist bei allen Glühwürmchen derselbe: Die Tiere produzieren in ihrem Hinterleib einen chemischen Stoff mit dem passenden Namen Luziferin. Über eine biochemische Kaskade von Reaktionen wird pro Molekül am Ende ein Quantum

KOORDINATION

MAGICICADA   PTEROPTYX TENER

Synchronisation bei den Insekten

grünes Licht emittiert. Das allein erklärt natürlich nicht, weshalb Tausende Glühwürmchen in Malaysia gleichzeitig ihre Lichtpulse aussenden. Insbesondere beobachtet man diese Synchronisation bei keiner anderen Art (von einer Ausnahme abgesehen), und es ist auch nicht geklärt, ob dieses Synchronisationsphänomen in irgendeiner Weise einen evolutionären Vorteil brächte.

Allerdings gibt es dazu diverse Theorien, zum Beispiel, dass ein synchronisiertes Leuchten Fressfeinde besser ablenkt oder dass Weibchen effektiver angelockt werden. Vielleicht liegt es einfach nur in der Natur der Sache und ist eine Konsequenz der Dynamik des Systems. Die Tatsache, dass die Glühwürmchen sich nach und nach synchronisieren, ähnlich wie die Passanten der Millennium Bridge, spricht dafür, dass alle leicht ihren eigenen Rhythmus auf den der anderen anpassen und das Ganze nach ähnlichen Prinzipien funktioniert. Zwangsläufig und stabil. Der Synchronisationszustand dauert bis in die Morgenstunden an, und alles beginnt am nächsten Abend von vorne. Das Schauspiel ist so beeindruckend, dass man in Malaysia Ausflüge buchen kann, um das einmal live mitzuerleben.

Ein weiteres noch viel erstaunlicheres Beispiel synchronisierten Verhaltens zeigt die nordamerikanische Zikadenart *Magicicada*[10].

Diese Zikaden verweilen entweder 13 oder 17 Jahre als Larven im Boden, um dann gleichzeitig hervorzukriechen, ihre letzte Metamorphose zum Vollinsekt durchzumachen, sich zu paaren und nach der Eiablage zu sterben. Dieser Prozess wiederholt sich über sehr große Gebiete Nordamerikas exakt alle 13 bzw. 17 Jahre. Nur in diesen Abständen, in keinem anderen Jahreszyklus. Die Erklärung für diese synchronisierte Überlebensstrategie ist einfach. Wenn sehr selten, dann aber Massen an Zikaden schlüpfen, sind einfach viel zu viele da, um von Fressfeinden wie Vögeln komplett vernichtet zu werden. Aber wieso sind es gerade 13 oder 17 Jahre, warum zwei verschiedene Rhythmen für verschiedene großflächige Populationen derselben Art, und wieso gerade große Primzahlen? Die Erklärung der Experten: So wird gewährleistet, dass nur selten die 13er- und 17er-Population im selben Jahr schlüpfen, das passiert nämlich nur alle 221 Jahre. Sollte also tatsächlich eine Population komplett durch Räuber vernichtet werden, ist es so am wahrscheinlichsten, dass die andere ein paar Jahre später eine neue Chance hat.

Die Zikadenart *Magicicada* ist aber noch auf einer anderen Ebene im Kontext Synchronisation faszinierend. In den Paarungsjahren sind diese Tiere zu Tausenden in den Bäumen Nordamerikas zu finden und zirpen rhythmisch. Ähnlich wie die Männchen der Glühwürmchen im Takt Lichtblitze aussenden, singen die Männchen der Zikaden synchron, um Weibchen anzulocken, und auch hier beobachtet man die Einschwingphasen, die eine Population benötigt, um sich ganz von allein zu synchronisieren.

Der Mensch

Offenbar ist der Mechanismus der Synchronisation so stabil und so tief verwurzelt in der Dynamik natürlicher Phänomene, dass er in biologischen Systemen allgegenwärtig ist. Auch wir Menschen könnten ohne Synchronisation nicht leben. Zum Beispiel funktionieren die Herzen aller Säuger nur durch schnelle Synchronisationspro-

KOORDINATION

zesse. Das menschliche Herz schlägt etwa zwei Milliarden Mal während eines Menschenlebens.

Bei jedem Herzschlag wird ein elektrischer Impuls durch das Herzgewebe geschickt, der zur Herzmuskelkontraktion führt und die Pumpfunktion veranlasst. Aber woher kommt dieser Impuls? In einer sehr kleinen Region des Herzens, im sogenannten Sinusknoten, befinden sich etwa 10 000 spezielle Herzmuskelzellen, die Schrittmacherzellen. Diese Muskelzellen geben ähnlich wie Nervenzellen elektrische Impulse an ihre Umgebung ab. Damit die Schrittmacherzellen eine elektrische Kaskade auslösen können, die den Herzmuskel kontrahiert, müssen sie synchron »feuern« und das Signal muss synchronisiert durch den Herzmuskel laufen. Und auch hier gewährleisten die fundamentalen Gesetzmäßigkeiten der Synchronisation, dass das hoffentlich ein ganzes Leben lang funktioniert. Es kann bekanntlich auch passieren, dass hier etwas schiefläuft. Beim lebensbedrohlichen Vorhofflimmern regen sich die Herzmuskelzellen unkoordiniert und asynchron an, der Herzmuskel kontrahiert nicht mehr als Ganzes, und die Pumpfunktion setzt

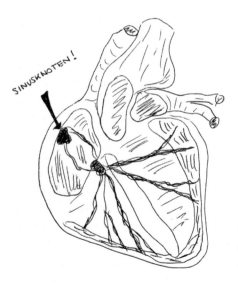

Die Herzmuskelkontraktion wird durch einen elektrischen Impuls ausgelöst, der im Sinusknoten entsteht.

aus. Bei besonders starkem Flimmern kann durch einen starken elektrischen Stromstoß der ursprüngliche Herzrhythmus mitunter wieder hergestellt werden.

Dass Synchronisation oft ein zwangsläufiger Prozess ist, erkennt man auch an Situationen, in denen sie zum Nachteil der Betroffenen einsetzt. Das menschliche Gehirn besteht aus vielen Milliarden untereinander vernetzten Nervenzellen, die über elektrische Impulse kommunizieren, Sinneseindrücke und Gedanken verarbeiten. Normalerweise ist die elektrische Hirnaktivität asynchron, es gibt in der parallelen Datenverarbeitung, die unser Hirn leistet, keinen Grund, dass alle Zellen gleichzeitig feuern müssten. In der Tat liegt in vielen Hirnregionen ein ausgewogenes Gleichgewicht vor zwischen Nervenzellen, die sich gegenseitig reizen, und solchen, die sich gegenseitig hemmen. Es kann aber passieren, dass dieses Gleichgewicht gestört wird und die synchronisationsfördernden positiven Reizsignale überwiegen. Während eines epileptischen Anfalls findet genau das statt. Plötzlich senden sehr viele Nervenzellen im Gleichtakt ihre elektrischen Signale aus, sie feuern synchron, das Hirn ist überlastet und die Symptomatik der Epilepsie stellt sich ein.

Zwischenmenschliche Synchronisation

Auch im zwischenmenschlichen Alltag kann man Synchronisation erleben. Am Ende eines Konzerts wird in der Regel den Musikerinnen und Musikern mit Applaus gedankt. Nicht selten, insbesondere nach guten Konzerten, geht ein tosender asynchroner Applaus binnen kürzester Zeit in ein synchrones Klatschen über, das dann immer schneller wird, bis wieder ein Applausdurcheinander herrscht. Manchmal wiederholt sich der Prozess mehrfach während eines Applauses. Anders als in den bisher diskutierten Beispielen, scheint das rhythmische Klatschen zwar spontan zu synchronisieren, aber nicht im synchronen Zustand zu verweilen.

Der rumänische theoretische Physiker Zoltán Néda und seine

KOORDINATION

Kollegen wollten genauer wissen, was dabei passiert, und haben in verschiedenen Konzertsälen weltweit Applausmessungen durchgeführt.[11] Sie konnten zeigen, dass sich im Übergang zum synchronen Klatschen die Klatschfrequenz verringert, also jede einzelne Person weniger häufig pro Zeiteinheit geklatscht hat. Wenn man davon ausgeht, dass das Publikum durch die Synchronisation lauter werden wollte, wurde der gegenteilige Effekt erreicht, weil ja bei einer geringeren Frequenz insgesamt weniger Signal produziert wird. Daraufhin erhöht das Publikum unterbewusst die Klatschfrequenz sukzessive, was wiederum die Synchronisationskraft schwächte und folglich das Getöse wieder zu einem asynchronen Applaus wurde.

Kann aber synchrones Handeln für uns Menschen überhaupt Vorteile bringen? Dieser Frage sind die Wissenschaftler Serguei Saavedra, Brian Uzzi und die Wissenschaftlerin Kathleen Hagerty vom Northwestern Institute on Complex Systems nachgegangen. Sie untersuchten Daten eines Börsenmaklerunternehmens.[12] 66 Börsenmaklerinnen und -makler kauften und verkauften hier täglich Aktien in hoher Frequenz. Die einzelnen Personen deckten verschiedene Handelssegmente ab und konkurrierten nicht direkt miteinander, wurden aber vom Unternehmen nach ihrer Performance, also dem erwirtschafteten Gewinn, bewertet. Alle Transaktionen der 66 Mitarbeiter und Mitarbeiterinnen wurden über einen längeren Zeitraum protokolliert. Damit sie effizient Gewinne erwirtschaften, müssen Maklerinnen und Makler über aktuelle Entwicklungen gut informiert sein, sie verarbeiten permanent Nachrichten, um die richtigen Entscheidungen zu treffen. Die 66 Akteure waren aber auch intern gut vernetzt und teilten Informationen über elektronische Instant-Messaging-Systeme über ihre Mobiltelefone oder Computer. Ziel jedes Makelnden ist es, das Risiko eines Kapitalverlusts zu minimieren und den Gewinn zu steigern. Bei der Reaktion auf neue Informationen muss man also ein Dilemma lösen. Reagiert man schneller als andere auf wichtige Neuigkeiten, ist das Risiko am größten, weil man sinnbildlich als Erster übers Eis geht. Reagiert man zu spät, haben schon andere den Vorteil der schnellen Reaktion ausgenutzt. Über das firmeninterne Netzwerk war ersichtlich, wie Einzelpersonen auf die Kommunikation reagierten und wie die Handlungen der einzelnen Makler sich gegenseitig beeinflussten. All diese Informationen standen den Wissenschaftlerinnen und Wissenschaftlern zur Verfügung. Sie konnten zeigen, dass die Probanden aufgrund der internen und externen Kommunikation überdurchschnittlich stark synchronisiert gehandelt haben, also Käufe und Verkäufe von Aktien mehr oder weniger gleichzeitig, aber ohne Absprache tätigten. Das allein war noch nicht so überraschend. Das entscheidende Ergebnis der Studie war, dass die synchronisierten Personen durchschnittlich höhere Gewinne erzielten als die Kolleginnen und Kollegen, die am Synchronisationsprozess seltener teilgenommen hatten.

Die Dynamik von Infektionskrankheiten

Rhythmen und Synchronisation spielen eine ähnlich wichtige Rolle in der Dynamik von Infektionskrankheiten. In einer Studie von 1984 haben die mathematischen Epidemiologen Roy Anderson, Bryan Grenfell und Robert May die Zeitreihen von Mumps, Masern und Keuchhusten im Vereinigten Königreich untersucht.[13] Die Zeitspanne umfasste mehrere Jahrzehnte und ging zurück bis in die Zeit, bevor landesweite Impfungen gegen diese Kinderkrankheiten eingeführt wurden. Die Wissenschaftler konnten zeigen, dass Masern einem saisonalen Zweijahresrhythmus folgten, während Mumps und Keuchhusten einen klaren Dreijahreszyklus aufwiesen. Eine spätere Studie auf Basis dieser Daten (und zehn Jahre fortgeschrieben) ergab[14], dass die Masernfallkurven verschiedener Landesteile synchronisiert dem Zweijahresrhythmus folgten. Die Forscher interessierte, was die Einführung der Masernimpfung 1968 bewirkt hat. Zunächst ging die Anzahl von Maserninfektionen im Mittel zurück, ein gutes Signal. Aber durch die niedrigeren Fallzahlen wurde der Synchronisationseffekt abgeschwächt und der Zweijahresrhythmus unterbrochen, was wiederum dazu geführt hat, dass in bestimmten Jahren die Masernfälle im Mittel höher waren als vorher. Erst als die Impfrate deutlich erhöht wurde, sanken die Masernfälle wieder.

Verschiedene Länder implementierten während der Covid-19-Pandemie Lockdown-Maßnahmen, sobald die Fallzahlen explodierten, um diese zu reduzieren. Es wurde unter Politikerinnen, Politikern, Wissenschaftlerinnen und Wissenschaftlern heiß debattiert, ob ein milderer Lockdown für eine längere Zeit besser sei als ein kurzer, aber intensiver Lockdown. Im Wesentlichen zielten alle

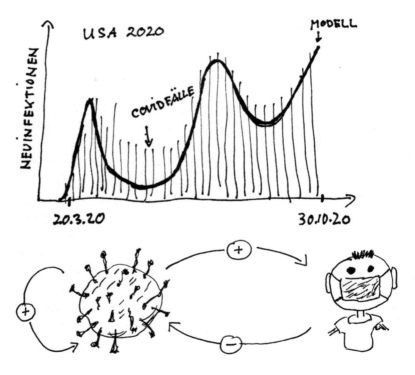

Die Dynamik der Covid-19-Pandemie 2020 kann auch in langen Zeitskalen als Aktivator-Inhibitor-System interpretiert werden.

Maßnahmen darauf ab, die Anzahl der Kontakte zu verringern, sodass sich das Coronavirus nicht mehr so effektiv ausbreiten konnte.

Immer wenn die Fallzahlen anstiegen und die Pandemie eine Welle produzierte, reagierte die Politik (typischerweise zu spät), und die Menschen reduzierten ihre Kontakte. So konnte das Virus sich nicht mehr gut ausbreiten und die Fallzahlen sanken. Sinkende Fallzahlen wurden dann zum Anlass genommen, um Lockdown-Maßnahmen wieder aufzuheben, was wiederum zu steigenden Fallzahlen führte, und so weiter. Das wurde ganz passend als Jojo-Lockdown beschrieben. Die Oszillationen in den Fallzahlen, also die in den verschiedenen Ländern beobachteten ersten, zweiten und dritten Wellen, entsprachen genau der Dynamik, die das Lotka-Volterra-Modell bei Luchsen und Schneeschuhhasen aufweist. In einem einfachen Modell konnte der Physiker Benjamin Maier darlegen, dass sich die Fallzahlkurven vieler Länder mit mehreren Wellen durch diesen einfachen Mechanismus des Feedbacks erklären und beschreiben ließen. Das Modell konnte auch zeigen, dass sich Pandemien durch starke, aber kurze und vor allem synchronisierte Maßnahmen effektiver in den Griff bekommen lassen. Leider wurde das von den Entscheidungsträgerinnen und -trägern auch nach drei Pandemiewellen in Deutschland nicht begriffen. Es wurde immer wieder zu spät und zu langsam reagiert, es wurden die falschen Vergleiche mit anderen Ländern herangezogen, und der zugrunde liegende fundamentale Mechanismus wurde nicht verstanden, auch weil den Verantwortlichen die Erkenntnis fehlte, dass die Wellendynamik die Konsequenz einer einfachen Aktivator-Inhibitor-Dynamik war. Hätte man das erkannt, wären die Maßnahmen mit hoher Wahrscheinlichkeit anders implementiert worden. Zum Beispiel wären einschneidendere, aber kürzere Lockdown-Maßnahmen besser gewesen, weil sie die Fallzahlen in deutlich niedrigere Bereiche gebracht hätten. Dann wirken sich die Synchronisationseffekte viel weniger aus, weil regional gar keine Ansteckungen mehr stattfinden und somit die Synchronisationskette durchbrochen wird.

KOORDINATION

Die Mathematik der Synchronisation

Die beschriebenen Beispiele von Synchronisation in den verschiedensten Gebieten sind nur ein kleiner Auszug aus der Vielzahl von Systemen, die synchronisieren. Es stellt sich allerdings die Frage, ob hier fundamental Gesetzmäßigkeiten am Werk sind und welche das sein könnten. Wie also können sich Oszillatoren in all diesen verschiedenen Systemen synchronisieren, und warum scheint die Synchronisation oft zwangsläufig und ist so robust? Wieso entsteht sie in manchen Systemen von selbst und in anderen nicht?

1975 schlug der japanische Physiker Yoshiki Kuramoto ein einfaches mathematisches Modell vor, das nach ihm benannte Kuramoto-Modell[15]. Kuramoto wollte kein Modell entwickeln, das nur ein Synchronisationsphänomen abbildet. Er wollte ein Modell entwickeln, das die wesentlichen und notwendigen Elemente beinhaltet und das Phänomen beschreibt, um so Erkenntnisse zu gewinnen, die universell für alle Synchronisationsphänomene Gültigkeit haben. Also musste er abstrahieren.

Einzelne Oszillatoren werden in seinem Modell als abstrakte »Uhren mit einem Zeiger« beschrieben, wobei jede dieser »Uhren« eine andere Uhrzeit anzeigen kann. Isoliert betrachtet, kann sich jeder Zeiger mit einer eigenen Geschwindigkeit bewegen. Im wissenschaftlichen Jargon bezeichnet man die »Uhrzeit« eines Oszillators als »Phase« und die Zeigergeschwindigkeit als Phasengeschwindigkeit. Erst wenn verschiedene Oszillatoren miteinander reagieren, können sie die Phasengeschwindigkeiten gegenseitig beeinflussen, sich abbremsen oder beschleunigen.

Kuramoto konnte zeigen, dass sich Oszillatoren immer dann synchronisieren, wenn sich die individuellen Phasengeschwindigkeiten der Elemente nicht zu stark unterscheiden und wenn es entweder genügend Oszillatoren in der Gruppe gibt oder die Stärke ihrer Wechselwirkung groß genug ist. Obwohl das Modell sehr abstrakt und strukturell einfach war, konnte es reale Synchronisationsphänomene sehr genau beschreiben und die Bedingungen für Synchronisation vorhersagen. Eine wichtige Einsicht des Kuramoto-Modells war: In den meisten Fällen gibt es nur »hopp« oder »topp«. Entweder die Oszillatoren synchronisieren vollständig, oder sie laufen weiter asynchron. Verändert man einen Parameter im Modell, zum Beispiel wie stark die Oszillatoren gekoppelt sind, passiert zunächst nichts. Dann plötzlich, an einem kritischen Punkt, synchronisieren die Oszillatoren spontan. Und genau das hat man in vielen realen Systemen auch beobachtet und in vielen Experimenten nachgewiesen. Im Kapitel »Kollektives Verhalten« werden wir dieses Phänomen des »Ganz oder gar nicht« in menschlichen Verhaltensweisen wiederfinden. Die Zwangsläufigkeit und Stabilität von synchronen Zuständen, die das Kuramoto-Modell so einfach abbilden kann, und die vielen Beispiele, die den Vorhersagen des Modells folgen, zeigen, dass in natürlichen oder gesellschaftlichen Prozessen, in denen oszillierende oder schwingende Elemente sich irgendwie beeinflussen, auch immer damit zu rechnen ist, dass irgendwann alle Elemente dasselbe tun, ja tun müssen. Das ist eine wichtige Einsicht, weil man sich nicht auf die Suche nach komplizierten, verschachtelten und vielschichtigen Erklärungen dafür machen muss. Es liegt einfach in der Natur der Sache.

Eine leicht abgewandelte Form des Kuramoto-Modells haben Steve Strogatz, Danny Abrams, Allan McRobie, Bruno Eckhardt und Ed Ott 2005 vorgestellt, um die Schwankungen der Millennium-Brücke zu erklären.[16] In ihrem Modell sind einzelne Passanten die »Oszillatoren«, jede Person hat einen typischen Takt, nämlich die Schrittfrequenz. Die Hängebrücke wird als träges Pendel beschrieben, das sich nur sehr schwer aus der Ruhe bringen lässt. In Computersimulationen erhöhten die Wissenschaftler nach und nach die Anzahl der Passanten, die zu einem bestimmten Zeitpunkt auf der Brücke verweilten. Zunächst passierte gar nichts. Ab einer bestimmten kritischen Anzahl von Personen allerdings geriet die Modellbrücke in Schwingungen, und die Fußgänger fingen dadurch an, sich zu synchronisieren, also im gleichen Takt zu gehen. Das wiederum verstärkte die Schwingungen der Brücke. Das Modell konnte auch hier vorhersagen, dass die spontane Synchronisation nicht etwa graduell zunimmt, je mehr Menschen auf der Brücke unterwegs sind, sondern plötzlich, ab einer bestimmten Schwelle, einsetzt. Genau das wurde auch bei der Millennium-Brücke beobachtet. Wir werden später im Kapitel »Kritikalität« noch einmal darauf zurückkommen.

Man mag einwenden, dass aus dem Erfolg des Kuramoto-Modells und seiner verschiedenen Varianten noch nicht erwiesen ist, dass tatsächlich alle Synchronisationsphänomene auf mathematische Prinzipien zurückzuführen sind. Das Modell sagt ja nur vorher, dass unter bestimmten Bedingungen Synchronisation ganz von selbst eintreten kann. Tatsächlich macht das Modell aber noch feinere Aussagen, die sich in realen Systemen dann auch wiederfinden und die man im Experiment überprüfen kann. Wenn man beispielsweise das Experiment mit den Metronomen wiederholt und sehr genau die akustischen Taktungen misst, wird man feststellen, dass die Metronome im synchronisierten Zustand dieselbe Frequenz haben, aber zu leicht unterschiedlichen Zeiten »klicken«. Das Phänomen nennt sich Phasenverschiebung. Das Kuramoto-Modell trifft genaue Vorhersagen, wie diese Phasenverschiebungen verteilt sind, was experimentell in verschiedenen Systemen nachgewiesen werden konnte.

Was lernen wir daraus? Die allerwichtigste Einsicht, die wir einerseits aus den Beispielen, aber noch viel mehr aus den mathematischen Modellen gewinnen, ist die Tatsache, dass Synchronisation ein fundamentaler Naturprozess ist, bei dem aus einem Chaos und Durcheinander von selbst eine kollektive, dynamische Ordnung entstehen kann. Ganz von selbst, ohne eine ordnende Hand. Es ist gleichzeitig nur einer von vielen Mechanismen dieser Art. Einige andere Prinzipien werden wir noch in den folgenden Kapiteln behandeln. Dass Synchronisation von Glühwürmchen, Herzrhythmusstörungen, Epilepsie und die Wellen der Corona-Pandemie im Kern einfachen mathematischen Gesetzmäßigkeiten folgen, sogar folgen müssen, ist ein kleiner Zauber, der natürlichen Prozessen innewohnt. Sollten Sie an dieser Stelle nicht von der Macht der Synchronisation überzeugt sein, schalten Sie Ihr Radio ein, hören ein bisschen Musik und tanzen dazu. Aber nicht im Takt.

KOMPLEXE NETZWERKE

Wieso Ihre Bekannten mehr Freunde haben als Sie

Alle Menschen sind nur durch sechs andere Menschen getrennt. Sechs Trennungsschritte. Zwischen uns und allen anderen Menschen auf diesem Planeten.

Albert-László Barabási

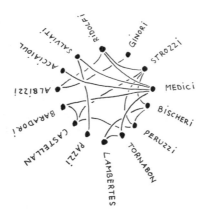

Als meine Töchter Hannah und Lili noch Kinder waren, spielten wir gelegentlich ein unterhaltsames Computerspiel auf Grundlage der Internet-Enzyklopädie Wikipedia. Wie die meisten webbasierten Texte sind die Wikipedia-Einträge Hypertexte. Das heißt: Ein Eintrag liefert nicht nur Informationen zu einem bestimmten Begriff, sondern in den Text sind zugleich Verweise (Hyperlinks) auf andere Einträge eingebettet, die inhaltlich mit dem ursprünglichen Suchwort verwandt sind. Der Wikipedia-Eintrag zu »Niedersachsen« enthält beispielsweise Querverweise auf »Braunschweig« und

»Elm«. Klickt man auf diese Links, wird man entsprechend weitergeleitet. So kann man sich Wikipedia als ein gigantisches Netzwerk von Einträgen vorstellen, die über Hyperlinks verknüpft sind. In der Netzwerksprache bezeichnet man Elemente, die verbunden sind, als »Knoten« und die Verbindungen als »Links«. Sind zwei Knoten miteinander verlinkt, nennt man sie »Nachbarn«. Die deutschsprachige Wikipedia umfasst etwa 2,5 Millionen Knoten und etwa 26 Millionen Links. Wikipedia gehört in Deutschland zu den Top Ten der meistbesuchten Internetplattformen und ist weltweit unter den Top 50 die einzig nichtkommerzielle.

Das Spiel beginnt, indem man sich zwei beliebige Begriffe ausdenkt, die möglichst wenig miteinander zu tun haben. Einzige Voraussetzung ist, dass beide Begriffe einen Eintrag in Wikipedia besitzen. Also beispielsweise »Hexenkessel« und »Darmflora«, »Barack Obama« und »Steinpilz« oder »Schnürsenkel« und »Spaceshuttle«. Ziel des Spiels ist es, eine Verbindungskette (eine Sequenz von Links) zwischen Netzwerkknoten (also Wikipedia-Einträgen) zu finden, die von dem einen Begriff zum anderen führen. Macht man sich auf die Suche nach einer Verbindungsstrecke zwischen »Hexenkessel« und »Darmflora«, dann könnte natürlich ein Computer mit einem effektiven Suchalgorithmus den kürzesten Weg im Nullkommanichts aufzeigen. Hat man kein Computerprogramm, ist das etwas schwieriger, aber viel einfacher, als man vielleicht erwartet. Man entdeckt nahezu immer Wege zwischen beliebigen Einträgen. Unter »Hexenkessel« findet man ein Link auf den Begriff »Uterus«. In diesem Eintrag führt ein Link zu »Darm« und dort natürlich eines zur »Darmflora«. Als Strecke ergibt sich: Hexenkessel → Uterus → Darm → Darmflora. Zwischen »Barack Obama« und »Steinpilz« existiert der Weg Barack Obama → Deutschland → Pilze → Steinpilz, zwischen »Schnürsenkel« und »Spaceshuttle« die Verbindungskette Schnürsenkel → Hip-Hop → USA → NASA → Spaceshuttle. Wenn Sie das nicht glauben, probieren Sie es selbst aus. Versuchen Sie, eine Verbindung zwischen »Apfel« und »Taschenlampe« herzustellen.

Diese Beispiele zeigen, dass man trotz der gigantischen Anzahl von Hyperlinks in Wikipedia ohne große Probleme einen Weg zwischen beliebigen Artikeln aufspüren kann. Das ist in vielerlei Hinsicht eigenartig. Erstens, weil wir aus den 25 Millionen Links im Netzwerk irgendwie die richtige Kombination herausfinden müssen, und zweitens, weil diese Masse an Links nur etwa 0,00004 Prozent aller potenziellen Hyperlinks repräsentiert (wären alle Einträge miteinander vernetzt, hätte Wikipedia etwa 6 Billionen Links). Außerdem, und das ist noch viel erstaunlicher, sind die meisten der gefundenen Wege recht kurz. In den diskutierten Beispielen haben die Wege nur drei bis vier Schritte. Wieso ist das so? Wieso muss man nicht hundert oder vielleicht sogar Tausende Schritte gehen, bis man von »Schnürsenkel« bis »Spaceshuttle« kommt? Immerhin sind »Schnürsenkel« und »Spaceshuttle« wirklich sehr verschiedene Dinge, von »Barack Obama« und »Steinpilz« ganz zu schweigen.

Der Small-World-Effekt

Die vergleichsweise junge Wissenschaft »Network Science«, zu Deutsch Netzwerkwissenschaft, liefert Erklärungen für dieses und viele andere Phänomene, die nicht immer im Einklang mit unserem gesunden Menschenverstand stehen. Das Prinzip der kurzen Wege nennt man Small-World-Effekt. Er beschreibt eine ganz typische Eigenschaft komplexer Netzwerke, egal ob es sich um biologische, technologische oder soziale Netzwerke handelt. Netzwerke sind oft gleichzeitig groß und klein. Groß, weil sie aus vielen Millionen Knoten und Links bestehen können, klein, weil sie einen geringen Durchmesser haben. Der Durchmesser bestimmt zum Beispiel, wie schnell sich Signale oder Informationen durch das Netzwerk ausbreiten. Wie aber berechnet man den Durchmesser eines Netzwerks? Also beispielsweise den Durchmesser von Facebook, den des weltweiten Flugverkehrsnetzes oder aber des Bekanntschaftsnetzwerks aller Menschen? Eine gängige Methode ist diese: Man schaut sich (mit Hilfe eines Computeralgorithmus') die kürzesten Wege (also die Anzahl der Schritte) zwischen allen Paaren von Knoten an und berechnet daraus den Mittelwert. Réka Albert, Hawoong Jeong und Albert-László Barabási, allesamt Pioniere auf dem Gebiet der Netzwerkforschung, haben so 1999 das World Wide Web ausgemessen und den Durchmesser der damals etwa 800 Millionen verlinkten Webseiten des Internets ermittelt.[17] Ihr Ergebnis: 18,59! Man konnte also zwei beliebige Webseiten auf einer Strecke von durchschnittlich 19 Links verbinden.

Die drei haben damals einen wichtigen mathematischen Zusammenhang zwischen der Anzahl der Knoten eines Netzwerks und seinem Durchmesser entdeckt. Der Durchmesser vieler komplexer Netzwerke wächst mit der Knotenanzahl *logarithmisch*. Das heißt: Um den Durchmesser einer Einheit zu erhöhen, muss man die Anzahl der Knoten nicht etwa um einen konstanten Betrag, sondern um *einen konstanten Faktor* erhöhen, also vervielfachen. Nehmen wir zum Beispiel ein Netzwerk von 500 Knoten mit einem Durchmesser von 5. Man könnte dann vielleicht meinen, man bräuchte 600 Knoten, um den Durchmesser auf 6 zu erhöhen. In Wirklichkeit braucht man aber 5000 Knoten, also zum Beispiel einen Faktor 10. Um den Durchmesser um noch eine Einheit auf 7 zu erhöhen, benötigte man dann 50 000 Knoten.

Mit Hilfe dieses universellen Logarithmusgesetzes konnten Réka Albert und ihre Kollegen vorhersagen, wie sich der Durchmesser des World Wide Web verändert, wenn die Anzahl der Knoten auf acht Milliarden Webseiten vergrößert wird: Er erhöht sich von 19 auf nur 21. Verzehnfacht man die Anzahl der Knoten, verzehnfacht sich nicht der Durchmesser, wie man meinen könnte, sondern wächst nur um etwa zehn Prozent.

Die Wege im Internet sind also kurz. Aber wie sieht es mit uns Menschen aus? Stellen wir uns die Menschheit vor als ein weltumspannendes Netzwerk von Bekanntschaften. Wenn wir nun jede Person um eine Liste all ihrer Freunde, Verwandten und Bekannten bitten würden, erhielten wir ein Netzwerk von etwa 7,7 Milliarden Knoten und 50 bis 750 Milliarden Links. Welchen Durchmesser hätte dieses Netzwerk? Alle netzwerkwissenschaftlichen Argumente sprechen dafür, dass auch der Durchmesser dieses Netzwerkes sehr klein ist. Schon vor einem Jahrhundert hat der ungarische Schriftsteller Frigyes Karinthy in einer Kurzgeschichte das »Kleine-Welt-Problem« formuliert und postuliert, dass sich zwei beliebige Personen durch einen Weg von höchstens sechs Schritten weltweit verbinden lassen. Diese »six degrees of separation«-Hypothese hat es sogar bis nach Hollywood geschafft. In einem Interview hat der Schauspieler Kevin Bacon 1994 gesagt, dass jeder Hollywood-Star entweder schon einmal mit ihm direkt zusammengearbeitet hat oder mit einem anderen Star, der mit ihm vor der Kamera stand. Zwei Studenten haben daraufhin das Gesellschaftsspiel »The six degrees of Kevin Bacon« erfunden. Dabei müssen Filmfans die sogenannte Bacon-Zahl beliebiger Schauspielerinnen oder Schauspieler aus dem Gedächtnis ermitteln. Solche, die mit Kevin Bacon zusammengearbeitet haben, erhalten die Bacon-Zahl 1. Hat man zwar noch nicht mit Kevin Bacon, aber mit anderen Stars zusammengearbeitet, die mit Kevin Bacon in einem Film zu sehen waren, bekommt man die Bacon-Zahl 2. Man kann sich vorstellen, dass Hollywood-Akteure tatsächlich sehr stark vernetzt und die Verbindungswege kurz sind. Ob nun aber das Bekanntschaftsnetzwerk der gesamten Menschheit auch einen kleinen Durchmesser von etwa 6 hat, lässt sich schwer direkt ermitteln. Anhaltspunkte geben heutzutage aber soziale Netzwerke wie Facebook, Instagram und Twitter oder Kommunikationsnetzwerke wie WhatsApp und Telegram.

2012 hatte Facebook etwa 721 Millionen Nutzer, die damals über 69 Milliarden Links verbunden waren. Im Mittel hatte also jede Person etwa 95 Facebook-Freundschaften. Johann Ugander und seine Kollegen von der Stanford-Universität in Kalifornien haben im selben Jahr den Facebook-Durchmesser ermittelt[18]: Der mittlere Abstand zwischen zwei Facebook-Nutzern war damals 4,74. Rechnen wir das mit Hilfe der Logarithmusformel hoch auf 7,7 Milliar-

KOMPLEXE NETZWERKE

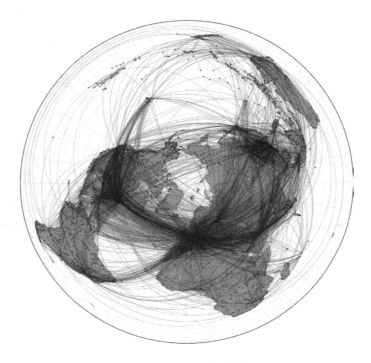

Das weltweite Flugverkehrsnetz umspannt den Globus.

den Menschen, kommen wir tatsächlich in die Region der postulierten »six-degrees-of-separation« aller Menschen.

Der Small-World-Effekt ist aber mehr als nur eine interessante Eigenschaft, er hat enorme Auswirkungen, da viele Prozesse auf Netzwerken stattfinden. Als die Covid-19-Pandemie sich im Frühjahr 2020 über den ganzen Globus ausbreitete, haben wir die Konsequenzen des Small-World-Effekts hautnah miterlebt. Hier hat das weltweite Flugverkehrsnetz eine Schlüsselrolle gespielt. Kein anderes Netzwerk zeigt so eindrücklich, wie eng wir global aneinandergerückt sind. Das weltweite Flugverkehrsnetz verknüpft etwa 4000 Flughäfen weltweit. Auf den etwa 51 000 direkten Verbindungen reisten 2018 mehr als drei Milliarden Passagiere. Alle Flugreisenden zusammen legten jeden Tag rund 14 Milliarden Kilometer zurück. Das entspricht dem dreifachen Radius unseres Sonnensystems (der Distanz zwischen Sonne und dem äußersten Planeten Neptun). Während sich die Pest im 14. Jahrhundert wellenförmig über den europäischen Kontinent von Südeuropa bis nach Skandinavien mit einer Geschwindigkeit von vier bis fünf Kilometern pro Tag ausbreitete, hat sich Covid-19 mehr als hundert Mal schneller auf dem Globus verteilt. Der Geschwindigkeitsfaktor entspricht dem Unterschied zwischen einem Fußgänger und einem Überschallflugzeug. Analog dazu wissen wir auch, wie schnell sich heute Nachrichten, Informationen, Bilder, aber auch Fehlinformationen und Verschwörungserzählungen auf den sozialen Netzwerken und den modernen Kommunikationsnetzwerken ausbreiten.

Von Delfinen und Smartphones

Neben der universellen Small-World-Eigenschaft haben viele biologische, soziale und technologische Netzwerke noch weitere fundamentale Eigenschaften, die Ausbreitungsphänomene oder andere dynamische Prozesse beeinflussen. Einige davon erkennt man sehr gut an einem sehr besonderen Netzwerk: dem »Freundschaftsnetzwerk« der Doubtful-Sound-Tümmler. der Doubtful Sound ist ein bildhübscher Fjord, dessen Arme etwa 30 Kilometer ins Landesinnere der Südinsel Neuseelands reichen. In den Gewässern lebt eine überschaubare und abgeschlossene Population von Tümmlern. Der Biologe David Lusseau und seine Kolleginnen haben 2003 eine Studie veröffentlicht[19], in der sie das soziale Netzwerk dieser Gruppe von etwa 60 Tümmlern analysiert haben. Die Doubtful-Sound-Tümmler sind nicht immer alle gemeinsam in einer großen Gruppe unterwegs. Sie sind aber auch keine Einzelgänger. Typischerweise verbringen sie ihre Zeit in kleineren Gruppen, deren Zusammensetzung allerdings variiert. Die Wissenschaftler haben sieben Jahre lang beobachtet, in welchen Formationen die Tümmler unterwegs waren. Sobald zwei Tümmler zusammen gesichtet wurden, wurde das protokolliert und aus den Daten ein Netzwerk konstruiert. Jeder Netzwerkknoten steht für einen Tümmler, ein Link zwischen zwei Tieren wurde gesetzt, wenn die beiden deutlich häufiger, als statistisch erwartet, zusammen gesichtet wurden. Visualisiert man das gesamte Netzwerk, erkennt man sofort, dass unter den Doubtful-Sound-Tümmlern nicht alle gleich gut mit allen anderen »können«. Netzwerke sind häufig modular. Teile des Netzwerks, deren Knoten stark untereinander verknüpft sind, nennt man Module oder »Cluster«, die Anzahl der Verbindungen eines Knotens bezeichnet man als Knotengrad. Das Tümmler-Netzwerk hat zwei dominante

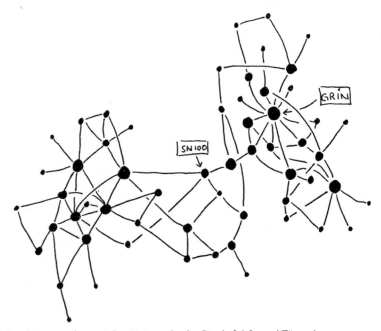

Visualisierung des sozialen Netzwerks der Doubtful-Sound-Tümmler. Je größer der Knotengrad, desto größer die Symbole. Der Tümmler »Grin« ist am besten vernetzt. »SN100« hat eine Vermittlerrolle und verbindet beide Cluster links und rechts.

Cluster. Zwischen diesen Clustern findet man seltener Links. Einige Individuen sind sozialer als andere. Sie sind stärker verknüpft. Andere Individuen bevorzugen eher ein peripheres Dasein. Das soziale Netzwerk der Tümmler zeigt auch, dass nicht selten zwei »Freunde« eines Knotens wiederum untereinander befreundet sind, nach dem Motto »Meine Freunde sind deine Freunde«. Außerdem gibt es »Vermittler«, die verschiedene Cluster des Netzwerks verknüpfen.

Sind aber diese Eigenschaften des Tümmler-Netzwerks typisch, gar universell? Wie sieht es mit Begegnungsnetzwerken bei uns Menschen aus? Und wie könnte man diese erfassen? Anfang 2014 war ich Gast an der Technischen Universität Kopenhagen (DTU), um einen Vortrag zum Thema »Ausbreitung von Pandemien auf dem weltweiten Flugverkehrsnetz« zu halten. Sune Lehmann, ein Kollege, Freund und Professor an der DTU, hatte mich eingeladen. Ich kannte Sune noch aus unserer gemeinsamen Zeit in den USA. Genau wie ich kommt Sune aus der theoretischen Physik, arbeitet aber auf dem jungen Gebiet der »Computational Social Sciences«, einem Wissenschaftsgebiet, in dem sich Informatik und Sozialwissenschaften verschränken. Konkret beschäftigt er sich hauptsächlich mit der Struktur sozialer Netzwerke. Als wir gerade in seinem Büro gemeinsame wissenschaftliche Projekte diskutierten, kam ein Student herein (Sunes Tür steht immer offen). Die beiden kommunizierten kurz auf Dänisch, und der Student überreichte Sune ein Smartphone. Sune zog daraufhin aus der unteren Schublade seines Schreibtischs einen Schuhkarton, der zu meiner Überraschung große Mengen an Bargeld enthielt (wie sich später herausstellen sollte: etwa 100 000 Euro in dänischen Kronen). Sune entnahm einen Stapel, zählte einen Betrag ab und überreichte ihn dem Studenten. Woraufhin dieser sich freundlich verabschiedete und verschwand.

Da ich die Unterhaltung nicht verstanden hatte, machte mich dieser Austausch von Gütern und Bargeld etwas ratlos. Die Szene rekapitulierend, überlegte ich kurz, ob Sune vielleicht ein lukratives illegales Nebengeschäft betrieb, das es erforderte, so viel Geld in einer unabgeschlossenen Schreibtischschublade zu horten. Sune verstaute den Karton wieder und wendete sich grinsend an mich: »Das muss ich in Zukunft anders regeln, aber ich bin noch nicht dazu gekommen.« Weil er offenbar Perplexität an meinen Gesichtszügen ablesen konnte, erklärte mir Sune, worum es ging. Das Ganze hing mit dem Sensible-DTU-Projekt zusammen. Sune hatte dieses Projekt zur Struktur sozialer Begegnungsnetzwerke 2010 initiiert und damit in den darauffolgenden Jahren für Furore gesorgt.

Ähnlich wie bei den Tümmlern, stehen in menschlichen Begegnungsnetzwerken die Knoten für einzelne Individuen. Ein Link zwischen zwei Personen bestimmt, wie häufig beide Personen sich begegnen oder sich in der Nähe zueinander aufhalten. Sie vermessen also, wann man sich gegenübersteht, am selben Tisch sitzt, miteinander tanzt oder gemeinsam auf dem Sofa oder nebeneinander in der U-Bahn Platz nimmt. Begegnungsnetzwerke sind in der Praxis natürlich schwer zu messen. Rein theoretisch müsste man ja eine große Anzahl von Menschen verfolgen, beobachten und jedes Treffen mit anderen, jede Unterhaltung, jedes gemeinsame Mittagessen, jede zufällige Begegnung im Bus, zu Hause oder bei der Arbeit aufzeichnen und protokollieren.

Sune wählte einen radikal anderen Weg. Mit seinen aus den Berufungsverhandlungen zugesicherten Mitteln bestellte er zunächst 1000 Smartphones. Zusammen mit seinem wissenschaftlichen Mitarbeiter Arkadiusz »Arek« Stopczynski stattete Sune diese mit einer speziell für seine Experimente programmierten Software aus und verteilte sie an 1000 Studierende der DTU Kopenhagen. Die Software war so konzipiert, dass alle Aktivitäten jeder Person über Monate und im Fünfminutentakt aufgezeichnet und gesammelt wurden. Dazu zählten die Kommunikation auf sozialen Medien wie Facebook, die Bewegungs- und Aufenthaltsorte, die über GPS-Signale der Smartphones gemessen wurden, der E-Mail-Verkehr und die Kommunikation über Kurznachrichtendienste und SMS. Alles. Außerdem konnten die Smartphones über Bluetooth untereinander Signale austauschen und feststellen, ob andere Sensible-DTU-Smartphones in unmittelbarer Nähe waren. So konnten die Wissenschaftler auch die Begegnungen zwischen den Probanden erfassen. Wenn also zwei Probanden sich länger in einem Umkreis von einigen Metern aufhielten, zeichneten deren Smartphones diesen Kontakt auf und speisten ihn in die Datenbank ein. Exakt diese Technologie wurde 2020 während der Covid-19-Pandemie bei den Corona-Warn-Apps verwendet, die in verschiedenen Ländern zum Einsatz kamen, um Risikobegegnungen und mögliche Ansteckungen zu rekonstruieren.

Natürlich waren alle Probanden des Sensible-DTU-Projekts genau informiert und wussten, dass sie im Rahmen dieses Experiments für die Wissenschaftler gläsern wurden. Dass diese also »sehen« konnten, wo sie gern aßen, mit wem sie befreundet waren, sogar mit wem sie das Bett teilten, wann Beziehungen entstanden und wann sie wieder zerbrachen. In Deutschland, wo Prinzipien der Privatsphäre und des Datenschutzes gesellschaftlich, aber auch individuell einen sehr hohen Stellenwert haben, treffen Forschungsprojekte dieser Art verständlicherweise auf Kopfschütteln. Letztendlich hat dieses Experiment nichts anderes gemacht, als in »Big-Brother«-Manier das soziale Verhalten einer großen Anzahl von Menschen rund um die Uhr monatelang zu vermessen und zu quantifizieren. So wie die großen Internetunternehmen Google und Apple alle individuellen Aktivitäten, die über Smartphones aufgezeichnet werden, sammeln und auswerten können. Allerdings gab es kleine, aber wichtige Unterschiede. Erstens hatten die Wissenschaftler keine kommerziellen Ziele. Anders als die großen Internetunternehmen wurde mit den personalisierten Daten der Probanden weder Handel getrieben noch Geld verdient. Das DTU-Team hat von vornherein eine Infrastruktur geschaffen, die transparent war. Sunes Grundidee war, ein gläsernes Labor zu schaffen und den Probanden Einblicke in alle Prozesse, Auswertungen und Ergebnisse zu gewähren. Die Probanden mussten ihre Daten täglich freischalten, mussten also immer wieder aktiv und bewusst einen Tagesdatensatz spenden.

Trotz dieser sehr offenen, klaren und partizipatorischen Strukturen wäre ein Experiment wie dieses in Deutschland wohl kaum denkbar. In Dänemark, so ist mein Eindruck, bringen sich Leute gegenseitig größeres Vertrauen entgegen als in Deutschland. Das könnte auch die 100 000 Euro in Sunes Schuhkarton erklären. Denn, so stellte sich heraus, es handelte sich bei diesem Geld um die Gesamtsumme des für die Smartphones hinterlegten Pfands.

Das Sensible-DTU-Projekt[20] hat unzählige wichtige Eigenschaften sozialer Netzwerkstrukturen messen und quantifizieren können. Gerade für die Ausbreitung von Infektionskrankheiten und bei der Übertragung von Viren wie SARS-CoV-2, den Influenzaviren (Grippe) und Masern sind unsere Begegnungsnetzwerke wichtig, weil viele Viren durch Sprechen und Husten über Tröpfchen oder Aerosole von Mensch zu Mensch übertragen werden. Als die Wissenschaftler um Sune zum ersten Mal das über Monate protokollierte Netzwerk der Begegnungshäufigkeit visualisierten und analysierten, fanden sie erstaunliche Ähnlichkeiten zu dem Netzwerk der Doubtful-Sound-Tümmler. Im Netzwerk der Studierenden waren erwartungsgemäß nicht alle mit allen gleich stark »verknüpft«. Auch unter den DTU-Studierenden gab es kleinere Cluster, deren Mitglieder untereinander viele Links teilten. Clusterbildung ist offenbar ein ganz typisches Merkmal sozialer Netzwerke.

Wie Cluster in sozialen Netzwerken entstehen

Die Universalität von Clustern in so verschiedenen sozialen Netzwerken legt nahe, dass vielleicht ganz ähnliche Mechanismen wirken. Aber welche könnten das sein? 2007 haben die vier Finnen Jussi Kumpula, Jukka-Pekka Onnela, Jari Saramäki, Kimmo Kaski und der Ungar János Kertész dazu ein einfaches Modell entwickelt.[21] Ihr Jujujájaki-Modell (benannt nach den Vornamen der Erfinder) zeigt, wie in sozialen Netzwerken Cluster auf ganz natürliche Weise und automatisch entstehen können. Im Modell wird angenommen, dass

Netzwerke dynamisch sind. Die Knoten können ihre Verbindungen ändern. Außerdem verschwinden manche Knoten aus dem Netzwerk, samt ihren Verbindungen, während neue hinzukommen. Im Modell kann ein Knoten, nennen wir ihn Knoten A, einen anderen zufälligen Knoten B auswählen und einen neuen Link zu B aufbauen (sofern die beiden noch nicht verlinkt sind). Hat Knoten B noch weitere Nachbarn, etwa Knoten C, dann baut A auch zu C mit einer bestimmten Wahrscheinlichkeit eine neue Verbindung auf. B vermittelt also eine Verbindung zwischen A und C. Ob ein Knoten zwischen zwei anderen Knoten vermittelt, hängt wiederum davon ab, wie stark die Verbindungen zwischen schon etablierten »Freunden« sind. Das Modell implementiert also so etwas wie Vertrauen. Startet man mit einem beliebigen Netzwerk und lässt den Algorithmus des Jujujájaki-Modells laufen, entwickelt sich das Netzwerk so, dass automatisch Cluster entstehen, die denen realer sozialer Netzwerke ähneln, aber nur wenn der Vertrauensmechanismus stark genug ist.

Das Jujujájaki-Netzwerkmodell erklärt die Entstehung stark verknüpfter lokaler Cluster in sozialen Netzwerken. Das linke Netzwerk zeigt die Anfangskonfiguration eines zufälligen Netzwerks ohne Struktur. Wendet man die dynamischen Regeln des Jujujájaki-Modells darauf an, entstehen automatisch lokale, stark vernetzte Cluster, die typisch für reale soziale Netzwerke sind.

Diese Erkenntnisse sind für die mathematische Epidemiologie besonders wichtig. Seit vielen Jahren werden hier mathematische Modelle entwickelt, die die Ausbreitung und die Kurvenverläufe von Epidemien beschreiben. In all diese Modelle gehen verschiedene Annahmen ein, weil man keine solide Datengrundlage hat. Eine übliche Annahme traditioneller Modelle ist eine homogene Population, in der alle Individuen sich statistisch etwa gleich verhalten. Insbesondere wird vorausgesetzt, dass die Population gut »durchmischt« ist, dass also alle mit allen mit gleicher Wahrscheinlichkeit in Kontakt treten. Als Netzwerk betrachtet, wären alle Knoten miteinander verlinkt. Zwar widerspricht das dem gesunden Menschenverstand, aber oft sind solche vereinfachten Annahmen notwendig, um die Modelle mathematisch analysieren zu können. Die Hoffnung ist dann, dass die vereinfachten Annahmen sich nicht zu stark auf die Ergebnisse auswirken. Und selbst wenn man komplexere Kontaktnetzwerkstrukturen gut in die Modelle integrieren und diese realistischeren Modelle analysieren könnte, fehlten bisher belastbare Daten zur Struktur unserer Begegnungsnetzwerke. Erst das Sensible-DTU-Projekt hat gezeigt, wie stark diese vereinfachten Annahmen von der Realität abweichen. Vor allem die Clustereigenschaft der Begegnungsnetzwerke, die hier erstmals erfasst wurde, hat einen enormen Einfluss auf die Ausbreitung von Infektionskrankheiten.

Wie entscheidend sich solche stark verknüpften Cluster auswirken, hat sich auch bei der Dynamik der Covid-19-Pandemie gezeigt. Wie jedes von Mensch zu Mensch übertragbare Virus, kann sich das Coronavirus nur ausbreiten, wenn ausreichend viele Begegnungen stattfinden. Unsere Kontakte sind metaphorisch das Futter des Virus. Deshalb basieren alle Maßnahmen zur Eindämmung einer Pandemie auf der Reduktion der zwischenmenschlichen Kontakte. Trifft ein Virus auf eine stark verknüpfte Gruppe in einem Begegnungsnetzwerk, das kann zum Beispiel ein Kindergeburtstag oder eine Hochzeitsfeier sein, ist das für ein Virus »ein gefundenes Fressen«.

Eine effiziente Methode, um Transmissionswege zu verringern, dem Virus quasi das Futter zu nehmen, ist die Verkleinerung von Gruppen, eine Maßnahme, die auch im Kontext der Eindämmung der Covid-19-Pandemie eine Rolle spielt. Hierzu ein Beispiel: Bei einer Geburtstagsfeier mit 20 Gästen, bei der sich alle Gäste mit allen unterhalten, gibt es 20×19, also insgesamt 380 mögliche Ansteckungswege, weil ja jede Person im Prinzip ansteckend sein und alle 19 anderen Personen anstecken könnte. Entscheidet man sich stattdessen, die Anzahl der Gäste auf die Hälfte zu reduzieren, also auf nur zehn, dann bleiben 10×9, also 90 Übertragungswege. Das ist knapp ein Viertel der ursprünglichen 380. Reduziert man weiter und feiert nur mit fünf Gästen, ergeben sich lediglich 20 Ansteckungsmöglichkeiten. Das sind circa fünf Prozent der ursprünglichen 380. Gruppenverkleinerungen bringen viel mehr, als man erwartet, und sind in Netzwerken mit starker Clusterstruktur besonders wirksam.

Zufallsnetzwerke und Skalenfreiheit

Aufgrund ihrer Komplexität und der Einzigartigkeit jedes Netzwerks sind fundamentale Gesetzmäßigkeiten wie der Small-World-Effekt oder die typischen Cluster sozialer Netzwerke nicht so einfach zu erkennen. Gibt es weitere? Etwa um die Jahrtausendwende, quasi die Geburtsstunde der modernen Netzwerkwissenschaft, verglichen Réka Albert und László Barabási systematisch verschiedene Netzwerke.[22] Den beiden standen drei völlig unterschiedliche Datensätze zur Verfügung: 1.) Ein Kollaborationsnetzwerk aus etwa 200 000 Schauspielern, bei dem zwei Schauspieler verlinkt waren, wenn sie schon einmal in einem Film zusammengearbeitet hatten; 2.) ein Teilsegment des World Wide Web aus etwa 325 000 untereinander verlinkten Internetseiten; und 3.) ein regionales Stromversorgungsnetzwerk aus 5000 Knoten, Schalt- und Verteilungsanlagen, die über Stromleitungen untereinander verbunden waren.

KOMPLEXE NETZWERKE

Obwohl diese Netzwerke ganz unterschiedlichen Ursprungs waren, entdeckten Albert und Barabási eine weitere fundamentale Gesetzmäßigkeit in ihrer Struktur. Sie berechneten für jedes Netzwerk die sogenannte Knotengrad-Häufigkeitsverteilung. Man zählt also, wie viele Knoten einen bestimmten Knotengrad haben, und listet auf, wie häufig ein bestimmter Knotengrad zu finden ist. Das lässt sich am besten an einem eher langweiligen Modell-Netzwerk erklären: dem völlig zufälligen. Ein Zufallsnetzwerk aus – sagen wir – 100 Knoten konstruiert man so: Man beginnt mit einem voll vernetzten Netzwerk, bei dem jeder Knoten mit jedem Knoten vernetzt ist. Bei 100 Knoten sind das 4950 Links. Dann entfernt man einen substanziellen Anteil dieser Links zufällig. Nehmen wir zum Beispiel 95 Prozent der Links weg, bleiben etwa 250 übrig. Die Knotengradverteilung zeigt, dass die meisten Knoten einen Knotengrad von 5 bis 6 besitzen. Sowohl sehr kleine als auch sehr große Knotengrade sind selten. Sehr große Werte kommen gar nicht vor. Weil man die 95 Prozent der Links völlig zufällig entfernt, verlieren alle Knoten in

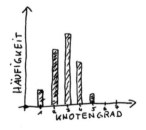
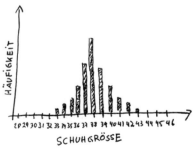

Ein Zufallsnetzwerk aus 22 Knoten, das nur einige aller möglichen Links aufweist. Die Verteilung des Knotengrads hat die Form einer Glockenkurve. Genau wie z. B. die Schuhgröße.

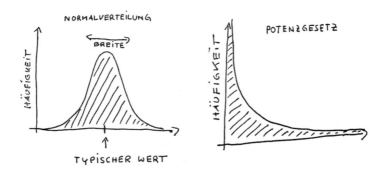

Normalverteilung und Potenzgesetz

etwa gleich viele Links. Kein Knoten wird bei dem Prozess bevorzugt oder ist stärker betroffen. Die Knotengradverteilung hat die Form einer typischen Glockenkurve, wie man sie aus vielen statistischen Verteilungen kennt. Die Verteilung der Schuhgrößen von erwachsenen Frauen als beliebiges Beispiel hat eine ähnliche Form. Mit einem typischen Wert um 38. Niemand hat Füße, die 2 Zentimeter oder 4 Kilometer groß sind. Diese Glockenform der Häufigkeitsverteilung kommt überall vor und heißt deshalb auch Normalverteilung.

Als Albert und Barabási die Knotengradverteilung der realen Netzwerke untersuchten, wurden sie dreifach überrascht. Obwohl es sich um reale Netzwerke handelte und nicht um mathematische Konstruktionen wie das Zufallsnetzwerk, folgten die Knotengrad-Häufigkeitsverteilungen klaren mathematischen Regeln. Außerdem waren diese mathematischen Gesetze in all den verschiedenen Netzwerken nahezu identisch, obwohl die Netzwerke ja ganz unterschiedlichen Ursprungs waren. Und drittens hatten sie eine ganz andere Form als die Verteilung, die man von Zufallsnetzwerken (oder Schuhgrößen) kennt. Sie hatten nicht die übliche Glockenform, waren also nicht normal verteilt.

Die Knotengrad-Häufigkeitsverteilungen der realen Netzwerke folgten einem sogenannten Potenzgesetz, einer einfachen Formel, die Knotengrad K und Häufigkeit H in Beziehung setzt:

$$H \sim \frac{1}{K^P}$$

Wobei der Parameter P ungefähr den Wert 3 hatte. Diese Formel besagt: Sehr viele Knoten haben nur einen sehr kleinen Knotengrad, und sehr wenige Knoten sind sehr stark verknüpft. Die Verteilung der Knotengrade ist sehr breit.

Dieser Effekt ist so stark, dass ein typischer Knotengrad, wie man ihn zum Beispiel über den Mittelwert berechnen könnte, wenig über das Netzwerk aussagt. Ebenso fällt es schwer, eine Breite der Verteilung anzugeben. Weil es in diesen Netzwerken nicht sinnvoll ist, eine typische Skala für den Knotengrad anzugeben, nennt man sie skalenfrei. Analog zu der Schuhgrößenverteilung hieße dies, dass die allermeisten Menschen sehr, sehr kleine Füße hätten und einige wenige Personen Füße, die 10, 100 oder 1000 Mal größer wären. Im Netzwerk der Schauspieler war der mittlere Knotengrad zwar 28,7. Aber dieser Wert sagt nichts über die Verteilung aus. Denn rund 96 Prozent aller Schauspielerinnen und Schauspieler hatten einen Knotengrad von 1, und nur etwa 0,01 Prozent, die Elite, hatte mehr als 300 Verbindungen. Die wenigen Knoten mit außergewöhnlich hohem Knotengrad nennt man in der Netzwerkwissenschaft »Hubs« (das englische Wort für »Nabe«). Und genau wie in der Nabe eines Fahrrads viele Speichen zusammenlaufen, haben die Netzwerk-Hubs viele Links.

Aber wie konnte es sein, dass das fundamentale Knotengrad-Verteilungsgesetz in allen Netzwerken nahezu identische Form hatte, wo es sich doch um ganz unterschiedliche Netzwerke handelte? Ist diese universelle Eigenschaft die Konsequenz eines einfachen Mechanismus, der vielleicht allen realen Netzwerken zugrunde liegt, oder ist es Zufall? In der Tat kann das Potenzgesetz in den skalenfreien Netzwerken mit einer einfachen Regel gut erklärt werden, nämlich mit der sogenannten »bevorzugten Bindung« oder dem

»rich get richer«-Effekt (reich wird reicher). Die meisten Menschen haben diesen Prozess schon selbst erlebt. Dazu ein Beispiel: Im Sommer 2020 war ich mit meiner Tochter in Dresden. Wie die meisten Touristen sind auch wir durch die Münzgasse geschlendert. Die Münzgasse kanalisiert die Touristenströme zwischen Frauenkirche und dem Terrassenufer an der Elbe. Die schmale Gasse bietet eine ganze Anzahl von kleinen Restaurants mit vielen Tischchen im Außenbereich, die typischerweise überfüllt sind. Wenn man aber nicht zu den Stoßzeiten unterwegs ist, wird man beobachten, dass nicht alle Restaurants gleich gut besucht sind. Als ahnungslose Touristen auf der Suche nach einem guten Restaurant wird man mit höherer Wahrscheinlichkeit eines wählen, das stärker frequentiert ist, der Hypothese folgend, dass dort das Essen besser ist. Wählt man also einen Platz in diesem Restaurant, werden sich die nächsten Touristen mit noch höherer Wahrscheinlichkeit für genau dieses Angebot entscheiden. Selbst wenn objektiv alle Restaurants die gleiche Qualität haben, kann dieser selbst verstärkende Effekt dazu führen, dass ein paar wenige Restaurants attraktiver werden als andere.

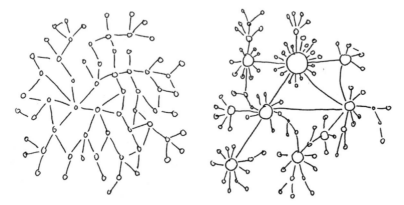

Zufallsnetzwerke: Im linken Netzwerk variiert der Knotengrad nur schwach zwischen 1 und 10. Das rechte Netzwerk ist skalenfrei. Die meisten Knoten haben nur einen kleinen Knotengrad, während ein paar wenige »Hubs« einen sehr großen Knotengrad besitzen.

Übersetzt in die Netzwerkwissenschaft kann man also folgenden Prozess vorschlagen:

Angenommen, wir starten mit einem kleinen Netzwerk zufällig verlinkter Knoten. Nacheinander kommen immer neue Knoten hinzu, und jeder Neuling verbindet sich mit einem zufällig ausgewählten Knoten, wobei die Wahrscheinlichkeit einer Verbindung zu einem schon etwas stärker verknüpften Knoten höher ist. So »sammeln« stark verknüpfte Knoten des Netzwerks häufiger neue Knoten ein und werden damit noch attraktiver für die nächsten Neuankömmlinge. Lässt man so ein Netzwerk wachsen, folgt es ab einer bestimmten Größe genau den fundamentalen Gesetzmäßigkeiten, die Réka Albert und László Barabási in realen Netzwerken beobachtet haben. Es entsteht ein skalenfreies Netzwerk, in dem wenige Knoten stark und sehr viele Knoten nur schwach vernetzt sind. Ließe man ein Netzwerk mit völlig zufälliger Verknüpfung der Knoten wachsen, also ohne den Mechanismus der »bevorzugten Bindung«, hätten alle Knoten in etwa denselben Knotengrad. Der Grund, wieso der Mechanismus der bevorzugten Bindung auch »rich get richer«-Effekt genannt wird, ist ganz einfach. Wenn es um Reichtum geht, wissen wir ja, dass es Personen, die schon reich sind, natürlich leichter fällt, noch reicher zu werden, weil sie viel mehr Geld haben, das sie investieren und für sich arbeiten lassen können. Der Effekt wird in der Soziologie auch als Matthäus-Effekt bezeichnet und geht auf einen Satz aus dem Matthäusevangelium der Bibel zurück: »*Denn wer da hat, dem wird gegeben, dass er die Fülle habe; wer aber nicht hat, dem wird auch das genommen, was er hat.*« In der Tat sind zum Beispiel Einkommen ebenfalls skalenfrei verteilt und folgen mathematischen Potenzgesetzen. Hier haben die Gesetze sogar einen Namen: Pareto-Gesetz, benannt nach dem italienischen Ökonomen Vilfredo Pareto (1848–1923), der sich mit der Verteilung von Einkommen beschäftigt hat. Deshalb macht es auch wenig Sinn, aus dem Durchschnittseinkommen einer Gesellschaft Rückschlüsse zu ziehen. Wenn zum Beispiel von 1000 Menschen 999 ein Jahreseinkommen von 10 000 Euro beziehen und ein Mensch ein Einkommen von 500 Millionen, dann betrüge das mittlere Einkommen aller etwa 500 000 Euro, was aber nicht die Tatsache abbildet, dass fast alle Personen ein sehr geringes Einkommen haben und eine Person superreicht ist.

Kurze Zeit nach der Entdeckung der Skalenfreiheit hat ein Wissenschaftlerteam um den schwedischen Soziologen Fredrik Liljeros und den schon erwähnten Physiker Luis Amaral das Sexualverhalten einer repräsentativen Gruppe von 4781 Schwedinnen und Schweden untersucht.[23] In sorgfältig ausgearbeiteten Umfragen wurden die Probanden nach der Anzahl ihrer Sexualpartner in den letzten zwölf Monaten befragt. Und siehe da, auch dieses Netzwerk der Sexualkontakte folgte dem universellen Potenzgesetz (in diesem Zusammenhang ist der Begriff etwas doppeldeutig), und es war skalenfrei. Bei beiden Geschlechtern griff dasselbe mathematische Gesetz in der Knotengrad-Häufigkeitsverteilung. Allerdings gab es bei den Männern eine kleine, aber systematische Abweichung. Die Wissenschaftler sind dieser kleinen Abweichung nachgegangen und fanden heraus, dass die befragten männlichen Probanden bei ihren Angaben systematisch etwas schwindelten und bezüglich der Anzahl ihrer Sexualpartner regelmäßig übertrieben. Auch das Sexualpartnernetzwerk wies die charakteristische Eigenschaft auf, dass die meisten Menschen nur sehr wenige Kontakte und einige wenige sehr viele hatten. Aber genau diese Eigenschaft bestimmt, wie sich beispielsweise sexuell übertragbare Krankheiten ausbreiten. Die wenigen Knoten mit vielen Verbindungen sind sogenannte »Superspreader«, die über ihre zahlreichen Kontakte eine Krankheit sehr »weit« im Netzwerk verteilen können, wenn sie selbst angesteckt sind. Das Phänomen der Skalenfreiheit spielt also eine große Rolle bei der Ausbreitung von Infektionskrankheiten – wie auch bei deren Bekämpfung.

Über Netzwerke und Impfungen

In einer im selben Jahr veröffentlichten Studie haben Alessandro Vespignani und Romualdo Pastor-Satorras untersucht, wie sich Epidemien in skalenfreien Netzwerken ausbreiten.[24] Verglichen wurden die Ergebnisse mit der Ausbreitung in homogenen Netzwerken, die in traditionellen Ausbreitungsmodellen immer angenommen wurden. Die Wissenschaftler konnten in einem mathematischen Modell zeigen, dass die Dynamik von Infektionskrankheiten in skalenfreien Netzwerken viel schneller abläuft und viel schwerer unter Kontrolle gebracht werden kann, selbst wenn im Mittel eine Person etwa gleich viele andere Personen ansteckt.

Am besten versteht man diese Ergebnisse am Beispiel der Impfung. Zunächst stellen wir uns ein »normales« zufälliges Kontaktnetzwerk vor, in dem jede Person etwa vier Kontakte hat, also jeder Knoten mit etwa vier anderen verbunden ist. Jetzt nehmen wir an, dass jedes Link eine Infektionskrankheit übertragen kann. Wird eine Person über ein Link angesteckt, wird sie drei weitere Personen über die verbliebenen drei Links infizieren. Diese drei werden jeweils weitere drei Personen anstecken, also neun. Im nächsten Schritt sind es 27, dann 81 usw., eine Epidemie breitet sich durch das ganze Netzwerk aus. Nun kann man in diesem Gedankenexperiment eine bestimmte Anzahl von zufällig ausgewählten Knoten »impfen«. Da alle Netzwerkknoten in etwa gleich stark vernetzt sind, spielt es keine Rolle, welche Knoten wir impfen. Geimpfte Knoten können dann weder infiziert werden noch eine Infektion übertragen, also spielen ihre Verbindungen für den Infektionsprozess keine Rolle. Folglich können wir die »geimpften« Knoten inklusive all ihrer Verbindungen gedanklich aus dem Netzwerk entfernen. Wenn wir mindestens 75 Prozent aller Knoten impfen, heißt das zugleich, dass der mittlere Knotengrad der übrig gebliebenen Knoten um 75 Prozent reduziert wird, weil ja auch die ungeimpften Knoten Verbindungen verlieren. In dem ausgedünnten Netzwerk haben die Knoten im Mittel also nicht mehr vier, sondern nur noch ein einziges Link. Wenn einer dieser Knoten angesteckt wird, kann er keinen weiteren Knoten infizieren, die Epidemie kann sich nicht mehr ausbreiten. Die Impfung hätte Erfolg.

Man kann den Effekt der Impfung auch geometrisch interpretieren. Impft man die notwendige Anzahl von Knoten, so zerfällt das Netzwerk in viele kleine, nicht mehr verbundene Bruchstücke, zwischen denen keine Übertragungswege mehr bestehen. Und genau das funktioniert in einem skalenfreien Netzwerk nicht. Wenn man in skalenfreien Netzwerken zufällig einen bestimmten Teil der Knoten impft, sagen wir wieder 75 Prozent, trifft man nur mit verschwindend geringer Wahrscheinlichkeit die wenigen Superspreader, die für die Ausbreitung verantwortlich sind, sondern meist Knoten, die wenige Links haben. Die Superspreader sorgen dafür, dass bei gleicher Durchimpfung nach wie vor große Teile des Netzwerks verbunden sind. Skalenfreie Netzwerke sind gegenüber zufälligen Impfstrategien resistent. Kennt man allerdings die Superspreader, dann sieht es ganz anders aus. In diesem Fall müsste man nur die kleine Gruppe von Superspreadern immunisieren und der Erfolg wäre riesig. Das Problem ist nur, dass man natürlich nicht vorher wissen kann, welche Personen in einer Population solche Superspreader sind.

In diesem Dilemma kommt wieder eine netzwerktheoretische Einsicht zu Hilfe. Nämlich, dass in Netzwerken die Nachbarn eines Knotens im Mittel einen größeren Knotengrad haben als der Knoten selbst. Übersetzt in den Kontext sozialer Netzwerke: »Ihre Freunde haben im Mittel mehr Freunde als Sie selbst.« Was wie ein Paradoxon klingt (das sogenannte Freundschaftsparadoxon), ist eine Tatsache. Das kann man an einem idealisierten Netzwerk sehr gut veranschaulichen.

Die folgende Skizze zeigt ein einfaches Netzwerk aus vier Personen. Damit wir nicht immer das lange Wort »Knotengrad« schreiben müssen, verwenden wir, wie in der Netzwerktheorie üblich, hierfür den Buchstaben K.

KOMPLEXE NETZWERKE

Ein einfaches Netzwerk aus vier Personen. Der mittlere Knotengrad ist K=1,5. Der mittlere Nachbarknotengrad ist Q=2,5.

Drei der Personen haben $K=1$ und eine Person $K=3$. Der mittlere K-Wert ist also:

$$\text{Mittleres } K = (1+1+1+3) / 4 = 6 / 4 = 1{,}5.$$

Bezeichnen wir den mittleren Knotengrad der Freunde (Nachbarn im Netzwerk) eines Knoten mit Q. Die äußeren Personen haben nur einen Nachbarn (die Person in der Mitte) und die hat $K=3$, also ist für die äußeren Personen der mittlere Nachbarknotengrad $Q=3$. Die Freunde der zentralen Person haben alle den Knotengrad $K=1$, also ist der Nachbarknotengrad für die zentrale Person $Q=1$, mit dem Ergebnis:

$$\text{Mittleres } Q = (3+3+3+1) / 4 = 10 / 4 = 2{,}5.$$

Das muss man erst mal sacken lassen. In skalenfreien Netzwerken ist die Diskrepanz zwischen mittlerem Knotengrad und mittlerem Nachbarknotengrad besonders stark ausgeprägt. Intuitiv kann man das auch ohne Rechnerei verstehen. Schauen Sie sich noch mal das skalenfreie Netzwerk in der vorletzten Abbildung an. Wählt man in diesem Netzwerk einen Knoten zufällig aus, wird man mit hoher Wahrscheinlichkeit ein Exemplar mit geringem K-Wert erwischen, weil es ja von dieser Sorte sehr viele gibt. Wählt man aber einen

Nachbarn dieses Knotens, wird man mit sehr hoher Wahrscheinlichkeit einen Hub auswählen, weil diese ja so viele Links im Netzwerk haben. Und genau auf diesem Prinzip beruht eine clevere Impfstrategie, die 2003 von Reuven Cohen, Shlomo Havlin und Daniel ben-Avraham in einem theoretischen Modell vorgestellt wurde und die es ermöglicht, mit hoher Wahrscheinlichkeit die Superspreader zu treffen, ohne dass man vorher weiß, wer sie sind.[25]

Die Wissenschaftler haben in ihrem Modell zwei Szenarien untersucht und verglichen. In einem Szenario wurde zufällig ein bestimmter Teil der Knoten in einem Netzwerk geimpft. Im zweiten Szenario wurde ein zufälliger Nachbarknoten der zufällig ausgewählten Knoten geimpft. Der Effekt war frappierend. Die zweite Impfstrategie war viel effizienter, weil so die »Superspreader« in den Netzwerken ganz automatisch mit höherer Wahrscheinlichkeit durch Impfung aus dem System entfernt wurden. Übersetzt in die reale Welt, sollte man also nicht nur Menschen direkt davon überzeugen, sich gegen Infektionskrankheiten zu impfen, sondern auch davon, dass sie ihre Bekannten zum Impfen überreden. Wer weiß, vielleicht werden sich diese Einsichten einmal in der Praxis umsetzen lassen.

Die diskutierten Beispiele sind nur ein kleiner Ausschnitt aus dem rasant wachsenden Forschungsfeld Netzwerkwissenschaft. Immer mehr Wissenschaftler weltweit verwenden Netzwerkideen, um verschiedenste Systeme besser zu verstehen. Ökosystem, Nervensysteme, Finanzmärkte, genetische Regulation in Zellen (über die wir im Kapitel Kipppunkte noch mehr erfahren werden), Infrastruktur und Informationssysteme und noch viele mehr. Netzwerkforschung ist als Teil der Komplexitätswissenschaft ebenso transdisziplinär, weil sie Ähnlichkeiten zwischen Strukturen ganz unterschiedlicher Phänomene aufzeigt, insbesondere zwischen sozialen und biologischen Systemen. Interdisziplinäre Netzwerk-Institute sind in den letzten Jahren überall auf der Welt aufgebaut worden. Viele sind mittlerweile Magneten für hochprofilierte Wissenschaftlerinnen und Wissenschaftler verschiedenster Fachdisziplinen, die dort zusammenkommen. In Deutschland fehlt solch ein Institut leider bis heute.

KRITIKALITÄT

Was ein Sandhaufen mit einer Pandemie zu tun hat

Ein unwahrscheinliches Ereignis tritt mit hoher Wahrscheinlichkeit ein, weil so viele unwahrscheinliche Ereignisse möglich sind.

Per Bak (1948–2002)

Ich wuchs in einem Dorf mit etwa 4000 Einwohnern am Stadtrand von Braunschweig auf. In meiner frühen Kindheit, also Ende der 1970er-Jahre, spielte sich das Leben meist an der frischen Luft ab, die sozialen Netzwerke waren analog, erforderten Präsenz und waren eng geknüpft. Zwar kannte nicht jeder jeden, aber alle kannten Klaus Kleinwächter. Klaus Kleinwächter war der Held meiner Kindheit. Meine Erinnerungen an Klaus sind diffus, er war wohl sechs bis sieben Jahre älter als ich. Klaus trug früh Vollbart, hatte eine ärmellose Jeansjacke, ein adoleszenter Räuber Hotzenplotz. Wer ihn nicht fürchtete, hatte zumindest Respekt. Niemand hat Klaus infrage gestellt.

KRITIKALITÄT

Klaus verdiente sich seinen Respekt durch verschiedene waghalsige Unternehmungen. Eher der ruhige Typ, wurde er nur in brenzligen und kritischen Situationen aktiv. Ein zentraler Treffpunkt war damals der Feuerteich, ein kleiner Tümpel am Dorfrand, der bis Ende der 1960er-Jahre der freiwilligen Feuerwehr als Löschteich gedient hatte. In meiner Kindheit waren die Winter noch so kalt, dass er regelmäßig zufror. Ich erinnere mich, dass wir Kinder oft stundenlang am Ufer standen, um Stöcke und Steine zu werfen. Niemand wagte die erste Überquerung. Unsere Eltern hatten uns das sowieso verboten, aber irgendjemand musste ja überprüfen, ob das Eis hielt. Jeden Winter war es Klaus, der sich als Erster traute. In seiner ärmellosen Jeansjacke. Voller Spannung schauten wir zu, ob das Eis halten würde. Klaus konnte mit kritischen Situationen umgehen. Er war ein Grenzgänger. Obwohl Klaus eine Ausnahmeerscheinung im sozialen Gefüge der Dorfjugend war, hat er sich doch auf gewisse Art und Weise natürlich verhalten.

Erstaunlich viele natürliche und gesellschaftliche Prozesse finden an kritischen Grenzen statt und teilen einige wesentliche Eigenschaften, obwohl sie oberflächlich ganz unterschiedlich erscheinen. Mehr noch, sie entwickeln eine intrinsische *Kritikalität*, ganz von selbst. Erdbeben, Epidemien, die neuronale Aktivität im Gehirn, Waldbrände, das Wachstum der Schneeflocken, Mode, Terrorismus und das Leben selbst sind dynamische Prozesse, die sich immer an kritischen Schwellen entfalten. Die winterliche Überquerung des Teichs ist in zweierlei Hinsicht eine gute Metapher für die typischen Eigenschaften kritischer Systeme und Prozesse. Als Klaus damals jedes Jahr als Erster aufs Eis ging, war nicht klar: Schafft er es oder bricht er ein? In kritischen Systemen können kleinste Änderungen zu sehr unterschiedlichen Ergebnissen führen. Würden wir das in einem Gedankenexperiment systematisch untersuchen, ließe man Klaus über Eisdecken verschiedener Stärke laufen und so die Wahrscheinlichkeit ermitteln, ins Eis einzubrechen.

Wir würden in etwa zu dem Ergebnis kommen, das in der Abbildung skizziert ist. Die Kurvenform nennt man sigmoid, weil sie mit

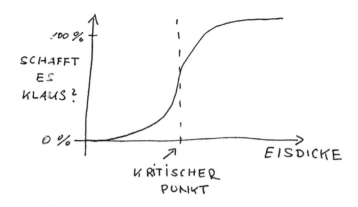

Das Klaus-Kleinwächter-Gedankenexperiment

etwas Fantasie wie ein »S« aussieht. Wichtig und typisch für diese Art von Abhängigkeit zwischen Eisstärke und Einbruchswahrscheinlichkeit ist der mittlere Bereich. Genau hier, in diesem kritischen Bereich, hat sich Klaus bewegt, und irgendwo hier liegt auch der kritische Punkt, nämlich an der Stelle, an der die Vorhersagbarkeit am geringsten ist. Aber warum lief Klaus hier? Zum einen natürlich, weil es im linken Bereich der Abbildung völlig klar ist, dass das Eis nicht trägt, während im rechten Bereich jedes Kind, nicht nur Klaus, ohne Probleme über die Eisfläche marschieren könnte.

»Eis« hat per se etwas mit kritischen Zuständen zu tun. Jeder weiß, dass Wasser, wie die meisten chemischen Substanzen, in drei verschiedenen Aggregatzuständen vorkommt: fest, flüssig und gasförmig. Bei normalem Außendruck fängt Wasser bei 100 Grad Celsius an zu kochen und wird gasförmig, bei 0 Grad gefriert es zu Eis. Beide Übergänge sind kritisch, kleine Änderungen in den äußeren Bedingungen führen zu extrem starken Änderungen der physikalischen Eigenschaften des Wassers. Wir sind das gewohnt, es ist für uns eine Alltagserfahrung. Aber ebenso gut könnte man sich vorstellen, dass Wasser sich kontinuierlich transformieren und bei sinken-

KRITIKALITÄT

der Temperatur immer zähflüssiger und fester werden würde. Tatsächlich sind solche kontinuierlichen Übergänge auch bei Wasser möglich. Bei extrem niedrigem Druck (weniger als etwa 0,006 bar) erfolgt der Übergang vom gasförmigen Zustand direkt in den festen Zustand. Bei diesem Außendruck ist Wasser nie flüssig. Andererseits gibt es keinen sprunghaften Übergang zwischen flüssig und gasförmig, wenn die Temperatur größer als etwa 373 Grad Celsius ist. Hier sind die Eigenschaften des Wassers zwar druck- und temperaturabhängig, ändern sich aber kontinuierlich und nie abrupt. Bei hohem Außendruck und hoher Temperatur ist Wasser superkritisch. Superkritisches Wasser findet man zum Beispiel in hydrothermalen Quellen in der Tiefsee, den sogenannten Schwarzen Rauchern.

Über die Physik, die hinter den verschiedenen Aggregatzuständen liegt, sind viele Bücher geschrieben worden, und interessanterweise wirft der alltägliche Stoff »Wasser« immer noch unbeantwortete Fragen auf. Um es noch einmal zu betonen: Es ist ganz natürlich und typisch, dass manchmal an kritischen Punkten durch kleine Änderungen in den Bedingungen große Effekte erzielt werden können. Das lässt sich auch in verschiedenen biologischen, ökologischen, sozialen und gesellschaftlichen Phänomenen beobachten. Die spontane Synchronisation der Glühwürmchen und die Oszillationen der Luchs- und Schneeschuhhasenpopulationen haben wir schon kennengelernt. Wir werden später Schwarmverhalten bei Tieren und Menschen, die Ausbreitung von Meinungen und »Fake News« in sozialen Medien, die politische Polarisierung in der Gesellschaft noch genauer diskutieren, alles Phänomene mit kritischen Phasenübergängen.

Selbstorganisierte Kritikalität

Interessanterweise gibt es verschiedene komplexe dynamische Systeme, die ihren kritischen Punkt zu »suchen« scheinen, die sich ohne jeglichen äußeren Einfluss an ihre kritischen Punkte »bewegen« und dort verharren. Anders als bei Wasser, wo man den Aggregatzustand durch Außendruck und Temperatur einstellt und nur durch genaues »Tuning« die kritischen Phasenübergänge trifft, entwickeln sich viele natürliche Systeme wie von selbst in einen kritischen Zustand. Sie machen sich selbst kritisch!

Ein gutes Beispiel hierfür ist die COVID-19-Pandemie. Nach der ersten Welle im Frühjahr 2020 war jedem Menschen hierzulande die Reproduktionszahl, der R-Wert, ein Begriff. Zur Erinnerung: Der R-Wert bestimmt als Mittelwert die Anzahl der Übertragungen durch eine infizierte Person an andere. Ist der R-Wert 2, dann übertragen zum Beispiel acht Infizierte im Mittel das Virus an 16 weitere Personen, diese wiederum stecken 32 Personen an, im nächsten Schritt sind es 64. Ein schnelles – exponentielles – Wachstum der Infektionszahlen ist die Folge. Ist der R-Wert hingegen nur 0,5, dann infizieren acht Leute eben nur weitere vier, diese nur noch zwei, die Fallzahlen sinken. Offenbar ist $R=1$ ein kritischer Wert, der entschei-

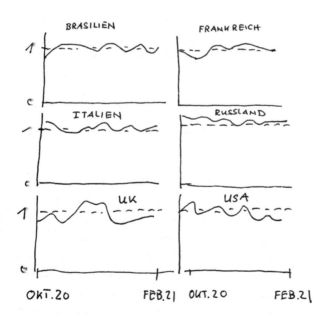

Die Dynamik des R-Werts in verschiedenen Ländern

det, ob eine Epidemie sich explosionsartig ausbreitet oder nach und nach verkümmert.

Erinnern Sie sich an die Diskussionen? Wissenschaftlerinnen, Wissenschaftler, Politiker und Politikerinnen haben immer wieder betont, wie wichtig es ist, den R-Wert unter 1 zu drücken bzw. zu halten. Der R-Wert ist keine COVID-19-spezifische Größe. In der Epidemiologie gehört er zu den wichtigsten Parametern, weil er unabhängig von der speziellen Infektionskrankheit oder dem Erreger bestimmt, ob eine Epidemie ausbricht oder der Erreger von selbst verschwindet.

Während einer Pandemie wird der R-Wert ständig beobachtet. Bevor die Impfungen die Pandemie maßgeblich beeinflussen konnten, schwankte er immer um den kritischen Wert $R=1$, mal lag er etwas darüber, und die Fallzahlen stiegen, dann fiel er zeitweise wieder unter den kritischen Punkt, die Fallzahlen sanken. Zufall? Oder steckt mehr dahinter? Wie wir gleich sehen werden, »sucht« sich die Dynamik des Gesamtsystems diesen kritischen Bereich selbst, ja sie pendelt sich sogar zwangsläufig auf diesen Wert ein. Um das zu verstehen, müssen wir etwas tiefer in die Materie eintauchen und die Uhr um etwa hundert Jahre zurückdrehen.

Das SIR-Modell und die Ausbreitung von Infektionskrankheiten

Vor rund einem Jahrhundert haben der Arzt und Epidemiologe Anderson McKendrick und der Biochemiker William Kermack sich Gedanken über die Ausbreitung von Infektionskrankheiten gemacht. In einer Reihe von wissenschaftlichen Arbeiten entwickelten sie die mathematische Grundlage zur Beschreibung der Dynamik von Epidemien.[26] Viele der heutigen Modelle gehen auf diese Pionierarbeiten zurück, die quantitative Epidemiologie entstand daraus.

Beiden Wissenschaftlern war aufgefallen, dass Epidemien sehr häufig einen ähnlichen Verlauf haben, unabhängig vom Erreger.

Was ein Sandhaufen mit einer Pandemie zu tun hat

Also gingen sie davon aus, dass man die wesentlichen Elemente einer Epidemie in einfache mathematische Modelle übersetzen kann, und entwickelten das sogenannte *SIR*-Model (gesprochen »Ess«-»Ihh«-»Err«). In diesem Modell wird angenommen, dass die Wirtspopulation, also wir, aus drei verschiedenen Gruppen besteht: 1. den Suszeptiblen *(S)*, den Personen, die angesteckt werden können, 2. den Infizierten bzw. Infektiösen *(I)*, Menschen, die andere anstecken können, und 3. den Personen, die am Infektionsgeschehen nicht mehr teilnehmen, weil sie entweder immun oder verstorben sind (*R* = »Removed«).

Das SIR-Modell von McKendrick und Kermack reduziert die Dynamik einer Epidemie auf zwei fundamentale Reaktionen: die Übertragung, wenn also eine gesunde Person auf eine infizierte Person trifft und angesteckt wird, und zweitens das »Entfernen« einer infizierten Person durch Immunisierung oder Tod.

Das *SIR*-Modell basiert auf zwei einfachen Reaktionen. Die Ansteckung wird durch die Reaktion

$$S + I \rightarrow 2I$$

beschrieben. In Worten: Eine infizierte Person *(I)* trifft auf eine gesunde Person *(S)* und mit einer bestimmten Wahrscheinlichkeit wird *S* infiziert und wird zu *I*. Die zweite Reaktion lautet:

$$I \rightarrow R,$$

das heißt: Infizierte Personen gehen nach einer typischen Infektionsdauer in den »*R*«-Zustand über, weil sie entweder selbstständig immun werden oder sterben. In beiden Fällen nehmen sie nicht mehr am Infektionsgeschehen teil. Natürlich sind »echte« Epidemien viel komplizierter, Menschen verhalten sich unterschiedlich, reagieren verschieden auf ein bestimmtes Virus. Typischerweise gibt es variable Inkubationszeiten, nicht alle Menschen haben untereinander Kontakt; wie wir im letzten Kapitel gelernt haben, spielen Kontaktnetzwerke eine Rolle. Das *SIR*-Modell vernachlässigt all diese Details, beschreibt aber die Essenz der Dynamik eines Infektionsprozesses, das Wesentliche. Das *SIR*-Modell hat zwei wichtige Parameter: die typische Dauer *T* der Infektion und die typische Anzahl der Ansteckungen, die eine infizierte Person in einer Population verursacht, also die Reproduktionszahl, den *R*-Wert.

Dieser Wert hängt natürlich davon ab, wie viele Menschen in der Population überhaupt infiziert werden können. Je mehr Leute immun sind, zum Beispiel durch Impfungen, desto seltener kann eine Ansteckung stattfinden. Kermack und McKendrick haben deshalb die Basisreproduktionszahl R_0 eingeführt, die Anzahl der Ansteckungen, die eine Person in einer vollständig ansteckbaren Population auslösen würde. R_0 ist in der Epidemiologie die wichtigste Kenngröße eines übertragbaren Erregers und bestimmt, ob und wie schnell sich dieser ausbreiten kann. Masern zum Beispiel sind sehr ansteckend und haben eine Basisreproduktionszahl von 12–18, das Coronavirus liegt mit 3,3–5,7 im mittleren Bereich, und Grippeviren haben geringere Werte zwischen 1 und 2. Übersetzt man die einfacher Reaktionsdiagramme in mathematische Gleichungen, kann man für bestimmte Werte den Verlauf der Epidemie berechnen und mit realen Epidemien vergleichen. Startet man mit einer kleinen Anzahl von Infizierten bei einer Basisreproduktionszahl größer als 1, beschreibt das Modell den typischen Epidemieverlauf mit anfänglich exponentiellem Wachstum, bei dem ein Maximum erreicht wird, wonach die Epidemie langsam wieder abklingt, weil nicht mehr genügend Personen in der Population vorhanden sind, die angesteckt werden könnten. Nach welcher Zeit das Maximum erreicht wird und wie hoch es ist, hängt von den Parametern T (Infektionsdauer) und R_0 ab. Da R_0 nicht sehr gut direkt gemessen werden kann, weil man typischerweise ja nicht weiß, wer wen angesteckt hat, dient das *SIR*-Modell dazu, diesen Wert aus dem Vergleich mit echten epidemiologischen Kurven zu schätzen.

Auch das *SIR*-Modell zeigt, dass der kritische Wert $R_0=1$ zwei völlig unterschiedliche Verläufe trennt. Ist $R_0>1$, bricht eine Epidemie aus, bei $R_0<1$ kann sich ein Erreger nicht ausbreiten. Man muss also gar nicht alle Ansteckungen verhindern; das ist in der Praxis ja auch schwerlich möglich. Man muss nur dafür sorgen, dass jede infek-

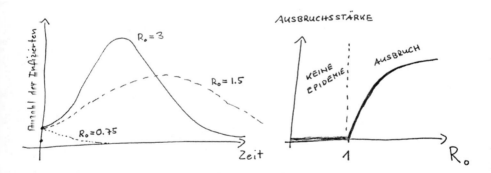

Links: Typische Epikurven aus dem SIR-Modell. Rechts: Stärke des Ausbruchs als Funktion von R_0. Der kritische Wert liegt bei 1. In diesem Bereich haben kleine Änderungen von R_0 große Auswirkungen.

tiöse Person im Durchschnitt weniger als eine andere Person ansteckt. Dann hat ein Erreger keine Chance.

Die zentralen Ideen des *SIR*-Modells lassen sich sofort auf andere kritische Systeme anwenden. Die Mechanismen der »Ansteckung« und »Gesundung« lassen sich einfach übertragen. In den öffentlichen Diskussionen zur Pandemie habe ich selbst immer wieder die Analogie zu einem Waldbrand bemüht, einfach weil ein Waldbrand ganz ähnlichen Gesetzmäßigkeiten gehorcht. Ohne Eindämmung und bei ausreichend dicht bewachsener Fläche breitet sich ein Feuer ebenso selbstständig und rasend wie eine Epidemie aus.

Das Waldbrand-Modell und die Herdenimmunität

Stellen wir uns gedanklich eine große Waldfläche in kleinere Parzellen aufgeteilt vor. Einzelne Parzellen können, abstrakt gesprochen, in zwei Zuständen sein: 1. brennend (»infiziert«) und 2. nicht brennend (»suszeptibel«). Eine brennende Parzelle kann eine benachbarte »gesunde« Zelle mit einer bestimmten Wahrscheinlichkeit »anstecken« bzw. anzünden. Nach einer Zeit brennt die Zelle aus und kann, nur noch aus Asche bestehend, nicht mehr erneut entflammt werden. Brennt eine Zelle schnell aus, bevor sich eine benachbarte Zelle anstecken kann, breitet sich das Feuer nicht weiter aus. Wie bei einer Epidemie hat man es mit einem kritischen Phänomen zu tun, das allein durch einen zentralen Parameter bestimmt wird.

Das Waldbrand-Modell dient noch zu einer anderen wichtigen Erkenntnis. Nehmen wir an, dass Parzellen teils bewaldet, teils freiflächig sind, die Verteilung ist zufällig. Nur bewaldete Zellen können brennen. Wie dicht die Gesamtfläche bewaldet ist, ist im Modell ein Parameter, den man einstellen kann. Anfangs wird nur ein kleiner Teil von Waldparzellen in Brand gesetzt, die wiederum benachbarte Waldparzellen anstecken können. Bei genügend hoher Walddichte (z. B. 90 %) wird ein Feuer sich rasant bis zum Rand des

Was ein Sandhaufen mit einer Pandemie zu tun hat

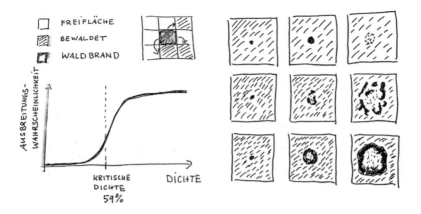

Ein einfaches Waldbrand-Modell. Links: Gitterzellen in drei Zuständen: 1. Freifläche (weiß), 2. bewaldet (grau) und 3. brennend (schwarz). Eine brennende Zelle kann benachbarte Waldzellen in Brand setzen. Rechts: Ist die Walddichte groß, kann sich ein Brand ungehindert ausbreiten (untere Zeile von links nach rechts bei voranschreitender Zeit). Ist die Walddichte gering, verebbt der Brand (obere Zeile). Die kritische Dichte liegt bei etwa 59 % (mittlere Zeile).

Gebiets ausbreiten. Sind aber nur 20 % der Zellen bewaldet, kann sich das Feuer nicht weiter ausdehnen, weil es keine benachbarten Waldparzellen findet.

Wo aber liegt die kritische Bewaldungsdichte in diesem einfachen Modell? Man könnte meinen, der Wert läge bei 50 %. Tatsächlich liegt er bei etwa 59,27 %. Der mathematische Beweis hierfür ist nicht einfach zu führen. Heute kann man in einer Computersimulation diesen Schwellenwert leicht herausfinden. Die Abbildung oben skizziert eine Simulation des Modells für verschiedene Bewaldungsdichten.

Das Waldbrand-Modell erklärt auch anschaulich den Effekt der Herdenimmunität. Übersetzt man das Modell zurück in den epidemiologischen Kontext, kann man die Wirkung von Impfungen gut illustrieren. Wer geimpft ist, nimmt nicht mehr am Infektionsgeschehen teil. Diese Personen können weder angesteckt werden noch andere infizieren. Für einen Erreger sind sie genau das, was für einen Waldbrand eine waldfreie Parzelle ist. Stellen Sie sich ein Netzwerkmodell vor, in dem die Knoten Personen repräsentieren und die Verbindungen mögliche Kontakte zwischen zwei Menschen. Nehmen wir an, im Mittel hat jeder Knoten drei Kontakte. Das Netzwerk hängt als Ganzes zusammen, ein kurzer Weg führt von jedem Knoten zu jedem beliebigen anderen Knoten. In einem so stark vernetzten Gewebe wird sich ein Erreger schnell und ungehindert ausbreiten können, weil ja jeder Knoten circa drei weitere Kontakte hat. Einzelne, zufällig ausgewählte Knoten zu »impfen«, bedeutet, diese Knoten und all ihre Links aus dem Netzwerk zu entfernen. Ab einem bestimmten Punkt zerfällt das Netzwerk in kleine Fragmente. Ein Erreger kann sich nicht mehr ausbreiten. Auch in Netzwerken findet der Übergang von zusammenhängend zu fragmentiert nicht kontinuierlich, sondern plötzlich statt.

Die Pandemie und wir

Das *SIR*-Modell von Kermack und McKendrick beschreibt die essenziellen Merkmale der Ausbreitung einer Infektionskrankheit. Allerdings berücksichtigt das Modell einen entscheidenden Faktor nicht: unsere Reaktion auf die Pandemie. Wir sind bewusst handelnde, informierte Wirtstiere und können auf eine Pandemie reagieren.

Diese gesellschaftliche Rückkopplung auf die Pandemie ist im *SIR*-Modell nicht enthalten. Das Modell beschreibt also nur eine Ausbreitung, von der wir gar nichts merken und auf die wir nicht reagieren. Im Gedankenexperiment können wir uns die Ausbreitung einer milden Variante des Coronavirus vorstellen, die nur leichte Symptome hervorruft. Aus Sicht des Virus wäre dieses Szenario ideal, weil wir gar nicht auf die Idee kämen, es zu bekämpfen. Spielen wir das einmal durch: Die Basisreproduktionszahl R_0 des Coronavirus liegt zwischen 3,3 und 5,7, nehmen wir einen mittleren

Wert von 4. Die Dauer einer Infektion beträgt etwa 14 Tage. Hätte sich diese »nette« Coronavirus-Variante in Deutschland ungestört ausgebreitet, wäre schon nach etwa acht Wochen das Maximum der Pandemie erreicht gewesen. Am Maximum wären bis zu 30 Millionen Menschen gleichzeitig infektiös gewesen, was einer Tagesinzidenz von 30 000 entspricht. Nach nur 150 Tagen wäre der Spuk vorbei gewesen und nur etwa 1,5 Millionen Menschen von 83 Millionen wären am Ende gar nicht infiziert worden.

Die Wirklichkeit sah ganz anders aus. Als das Virus Deutschland erreichte und die Fallzahlen hier stiegen, haben Gesellschaft und Politik reagiert und durch die freiwillige oder auferlegte Kontaktreduktion den R-Wert verringert. Ende März 2020 lag der R-Wert schon deutlich unter 1, die erste Welle wurde gebrochen, langsam fielen die Fallzahlen und pendelten sich im Sommer auf niedrigem Niveau wieder ein. Schon wurden Rufe nach Lockerungen laut, denn die wirtschaftlichen Kosten und der empfundene persönliche Verzicht waren groß. Durch die Lockerungen ist der R-Wert erneut gestiegen, das Virus konnte sich weiter ausbreiten, worauf die Menschen mit Kontaktverzicht und die Regierung mit politischen Maßnahmen reagierten. Der zweite Lockdown kam, die Fallzahlen sanken, es wurde wieder gelockert, und die dritte Welle kam, und wieder wurden Maßnahmen umgesetzt, um diese zu brechen. Das Wort Jojo-Lockdown war in aller Munde.

Die Rückkopplung zwischen Pandemie und gesellschaftlicher Verhaltensänderung folgte also dem Aktivator-Inhibitor-Prinzip, das wir schon im Lotka-Volterra-Modell der Schneeschuhhasen und Luchse im Kapitel »Synchronisation« kennengelernt haben. Wie wir dort schon gelernt haben, ist es deshalb auch nicht verwunderlich, dass, genau wie bei den Luchsen und Schneeschuhhasen, die COVID-19-Pandemie eine klare, sich wiederholende Wellendynamik gezeigt hat.

Obwohl die Pandemie in vielen Ländern unterschiedlich verlief, hat sich dennoch immer ein dynamisches Gleichgewicht eingestellt, in dem der R-Wert um den kritischen Wert $R=1$ schwankte, die Ausbreitung des Virus und die Maßnahmen hielten sich die Waage. Der Rückkopplungsprozess zwischen Pandemie und gesellschaftlicher Reaktion führt also zwangsläufig dazu, dass sich das Gesamtsystem von selbst an den kritischen Punkt bewegt.

Man muss also eine Pandemie immer als Gesamtsystem betrachten und die Antwort der Gesellschaft in die Dynamik mit einbeziehen, selbst wenn man die Handlungen und Entscheidungen von Einzelpersonen nicht modellieren kann. Aber wie typisch und natürlich ist diese selbstorganisierte Kritikalität?

Sandhaufen und Waldbrände

1987 ist der dänische Physiker Per Bak (1948–2002) dieser Frage nachgegangen. Er hatte den Verdacht, dass gerade komplexe dynamische Systeme – natürliche wie soziale – die Neigung haben, sich von allein an ihren kritischen Punkt zu entwickeln. Bak machte sich auf die Suche nach einem Modell, das einerseits konzeptionell so einfach strukturiert war, dass man es mathematisch behandeln konnte, und andererseits so allgemein, dass man es leicht in spezielle Anwendungsmodelle übersetzen konnte. Was er »erfand«, war: ein Sandhaufen. Zusammen mit dem Amerikaner Kurt Wiesenfeld und dem Chinesen Chao Tang schuf er den Bak-Tang-Wiesenfeld-Sandhaufen[27]. Das sehr abstrakte Modell beschreibt, wie allmählich ein kegelförmiger Sandhaufen entsteht, wenn Sandkörner langsam und konstant aus einer Öffnung rieseln. Die meisten von Ihnen werden das schon einmal bei einer Sanduhr beobachtet haben. Zunächst bildet sich ein flacher Hügel, der kontinuierlich anwächst und an den Flanken steiler wird, bis kleine Lawinen ins Rutschen kommen; der Haufen flacht wieder ab, und das Ganze beginnt von Neuem. Es stellt sich ein dynamisches Gleichgewicht ein: die Flanken sind gerade so steil, dass der Haufen immer geradeso die kritische Steigung hat.

Die Physikerin Barbara Drossel erdachte sich eine Variante des

Modells mit stärkerem Anwendungsbezug. 1992 entwickelte sie ein Modell für Waldbrände[28], allerdings etwas komplexer als das oben beschriebene. Im Drossel-Modell wächst der Wald nach. Einzelne Waldparzellen können sich auf benachbarte unbewaldete Parzellen ausdehnen, sodass nach und nach das ganze Gebiet bewaldet wird. Zusätzlich wird angenommen, dass zufällig, wenngleich sehr selten durch Blitzeinschläge lokal ein Waldbrand entsteht, der sich durch die zusammenhängenden Waldflächen frisst. So pendelt sich auf lange Sicht das System in ein dynamisches Gleichgewicht ein, der nachwachsende Wald und die Schäden durch spontane Waldbrände halten sich die Waage. Die Walddichte entspricht in diesem dynamischen Gleichgewicht genau der kritischen Dichte, bei der sich ein Waldbrand weitflächig ausbreiten könnte, ohne aber alles dabei abzubrennen, einzelne Waldinseln bleiben stehen.

Intuitiv ist natürlich klar, dass solche wechselseitigen regulierenden Mechanismen Systeme von allein an ihren kritischen Punkt führen, das gilt bei der COVID-19-Pandemie, den Sandhaufen wie den Waldbränden. Was aber zeichnet Systeme aus, die von ihrem kritischen Punkt so magisch angezogen werden? Überraschenderweise haben die verschiedensten Systeme am kritischen Punkt universelle Eigenschaften, die unabhängig davon sind, ob es sich um einen physikalischen, biologischen, ökologischen oder gesellschaftlichen Prozess handelt. Sie senden quasi Signale aus, die sie als kritische Phänomene ausweisen. Besonders wichtig wird das, wenn wir nicht genau wissen, unter welchen Bedingungen ein System kritisch werden kann. Anders als beim Wasser können wir ja bei ökologischen und sozialen Prozessen keine kontrollierten Experimente durchführen und die kritischen Bereiche ausmessen.

Eine wesentliche Eigenschaft dynamischer Prozesse am kritischen Punkt sind extrem starke »Schwankungen«. Was heißt das? Im einfachen Sandhaufen-Modell kann man erfassen, wie groß die kleinen Sandlawinen sind, indem man zum Beispiel zählt, wie viele einzelne Sandkörner an einer Lawine beteiligt sind. Erfasst man die Häufigkeitsverteilung der Lawinengröße grafisch, so zeigt sich, dass

KRITIKALITÄT

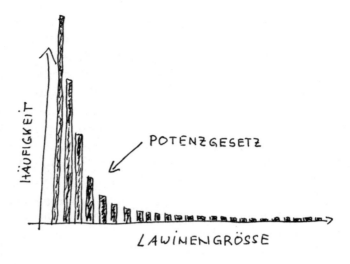

Potenzgesetze bei Sandhaufen

sie einem mathematischen Gesetz folgen, das wir im Kapitel »Komplexe Netzwerke« schon kennengelernt haben: einem Potenzgesetz. In skalenfreien Netzwerken waren einige wenige Knoten sehr stark vernetzt, sehr viele Knoten sehr wenig vernetzt: der Rich-get-richer-Effekt. Analog dazu findet man in der Lawinengrößenverteilung sehr viele kleine Lawinen und einige wenige große. Man hätte ja auch erwarten können, dass das kritische Gleichgewicht gewahrt wird, indem der Sand an den Flanken kontinuierlich in Lawinen mittlerer Größe abgetragen wird.

Die gleiche Gesetzmäßigkeit findet man im Waldbrand-Modell von Barbara Drossel, wenn man die Ausdehnung der durch Blitze ausgelösten Waldbrände misst. Nun könnte man das Sandhaufen-Modell wie auch das Drossel'sche Waldbrand-Modell für eine groteske Vereinfachung der Realität halten. Schließlich besteht kein Wald aus einem Quadratgitter. Erstaunlicherweise aber hat die Auswertung von Satellitenbildern aus Waldbrandgegenden die postulierte Gesetzmäßigkeit bestätigt. Experimentell findet man die universelen Potenzgesetze in zahlreichen verschiedenen Systemen. Erdbeben sind ein weiteres Beispiel. Die Stärke der Erdbeben folgt den gleichen Gesetzmäßigkeiten, viele sehr kleine Erdbeben wechseln sich mit selteneren, sehr starken ab. Auch für Erdbeben gibt es sehr vereinfachte mathematische Modelle, die den Effekt erklären, obwohl sie ganz viele Details vernachlässigen.

Evolutionsprozesse: graduell oder sprunghaft

Waldbrände, Pandemien und Erdbeben sind zugegebenermaßen recht katastrophale Ereignisse. Aber auch das Leben selbst scheint auf fundamentale Art und Weise ein kritisches Phänomen zu sein. Erdgeschichtlich sind immer wieder neue Arten entstanden und andere ausgestorben. Charles Darwin hat für diese Evolutionsprozesse die wissenschaftliche Theorie geliefert. Zufällige genetische Mutationen etwa führen zu neuen Varianten, werden selektiert und setzen sich durch, weil sie besser an die Umgebung angepasst sind. Darwins Theorie beschreibt den Evolutionsprozess als graduelle, stetige Veränderung in kleinen Schritten, obwohl die paläontologischen Befunde eher darauf hindeuteten, dass neue Arten sprunghaft mit sehr hoher Rate in vergleichsweise kurzen Zeiträumen entstanden sind. So sind vor rund 500 Millionen Jahren (zu Beginn des Kambriums) praktisch alle heute vertretenen Tierstämme in dem geologisch winzigen Zeitraum von nur fünf bis zehn Millionen Jahren entstanden. Deshalb spricht man auch von der kambrischen Artenexplosion. 1972 haben die Paläontologen Stephen Jay Gould und Niles Eldredge eine Arbeit mit dem Titel »Punctuated equilibria: an alternative to phyletic gradualism«[29] (Punktuelle Gleichgewichte, eine Alternative zum phyletischem Gradualismus) veröffentlicht, in der sie mit der Idee der ausschließlich graduellen Veränderung in der Evolution brachen. Sie argumentierten, dass sich in der Evolution stabile Phasen ohne große Veränderungen mit sprunghaften Phasen schnellerer Veränderung abwechseln.

KRITIKALITÄT

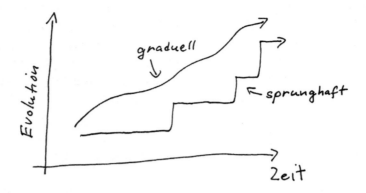

Sprunghafte Evolution

Die Hypothese des »punctuated equilibrium« – des punktuellen Gleichgewichts – wurde und wird immer noch von Evolutionstheoretikern kontrovers diskutiert. Mit traditionellen mathematischen Modellen, welche die Evolutionsprozesse vereinfacht beschreiben, konnten die wechselnden Phasen von Stabilität und schneller, sprunghafter Artenexplosionen nicht erklärt werden. 1993 aber hat wiederum Per Bak, diesmal zusammen mit seinem dänischen Kollegen Kim Sneppen, ein einfaches mathematisches Modell entwickelt, das sich auch auf die Evolution der Arten anwenden lässt.[30] Im Modell haben einzelne Arten eine Fitness, die sich nach den einfachen Prinzipien der Evolutionslehre ändern kann. Aber: Im Bak-Sneppen-Modell beeinflusst die veränderte Fitness einer Art auch die Fitness anderer Arten, die mit der Ursprungsart wechselwirken. Wir haben es also wieder mit einem Netzwerkmodell zu tun. Im Computer simuliert bildet das Bak-Sneppen-Modell genau die postulierten Phasen von Stabilität und sprunghaften Änderungen ab. Kleine Änderungen haben die meiste Zeit keinen Effekt, können aber plötzliche Evolutionskaskaden auslösen.

Das Bak-Sneppen-Evolutionsmodell zeigt ebenfalls kritisches Verhalten, das zwangsläufig von selbst entsteht. Das Modell macht noch eine weitere wichtige Aussage, die tatsächlich durch Fossilbefunde bestätigt wird. Es zeigt, wie Arten mit der Zeit aussterben: nicht graduell, also pro Zeiteinheit in immer etwa gleicher Anzahl, sondern in Schüben. Deren Größe folgt wiederum einem Potenzgesetz, wie die Lawinen im Sandhaufen oder die Waldbrände.

Man weiß heute, dass erdgeschichtlich einige sehr große Massenaussterben stattgefunden haben, zuletzt vor rund 65 Millionen Jahren, als ein Meteorit auf der Erde einschlug und das Ende der Ära der Dinosaurier und eine Welle weiterer Extinktionen auslöste. Vor etwa 252 Millionen Jahren aber ereignete sich das größte Massenaussterben. Mehr als 95 Prozent aller marinen Lebensformen und drei Viertel der an Land lebenden Tiere verschwanden. Der Effekt auf die Biosphäre war so gigantisch, dass der atmosphärische Sauerstoff um mehr als die Hälfte sank. Daneben gab es sehr viele kleinere Massenaussterben. Wertet man die Häufigkeit der Stärke aller Extinktionsereignisse aus, findet man: ein Potenzgesetz.

Die Mechanismen der Evolution lassen sich auch auf gesellschaftliche Prozesse übertragen. Innovation findet ja nach ganz ähnlichen fundamentalen Regeln statt. Technologien werden verändert, optimiert und den Anforderungen immer weiter angepasst. Auch hier könnte man denken, dass graduelle Schritte den Prozess voranbringen. Aber natürlich wissen wir, dass etwa technologischer Fortschritt ebenfalls in Schüben stattfindet und dass kleine Änderungen, wie zum Beispiel die Erfindung des Touchscreens für Handys, Kaskaden von technologischen Neuerungen einerseits und das »Aussterben« veralteter Technologien andererseits auslösen können. Tatsächlich folgen Innovationsschübe und Wissensfortschritt den gleichen Gesetzmäßigkeiten: punktuierten Gleichgewichten und Potenzgesetzen.

Selbst eine der dunkelsten Seiten der Menschheit, der Terrorismus, scheint den fundamentalen Gesetzmäßigkeiten der Kritikalität zu folgen. 2007 wertete der US-amerikanische Informatiker Aaron Clauset einen Datensatz von nahezu 30 000 terroristischen Anschlägen in über 180 Ländern seit 1968 aus.[31] Die Häufigkeitsverteilung

KRITIKALITÄT

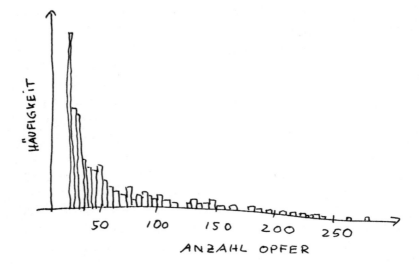

Die Häufigkeitsverteilung der Anzahl der Opfer verschiedener terroristischer Anschläge folgt einem universellen Potenzgesetz.

der Schwere der Anschläge, gemessen an der Anzahl der Verletzten und Todesopfer, gehorcht Clausets Studie zufolge ebenfalls einem universellen Potenzgesetz.

Im Kleinen wie im Großen: fraktale Strukturen

Die diskutierten Potenzgesetze, die man bei kritischen Phänomenen beobachtet, sind in der überwiegenden Mehrzahl immer an die zeitliche Dimension der Prozesse geknüpft. Man fragt, wie häufig ein Ereignis einer bestimmten Größe, Stärke oder Intensität auftritt. Es wäre allerdings etwas gewagt, allein aus einer einzigen mathematischen Gesetzmäßigkeit Universalität abzuleiten. Gibt es noch andere Eigenschaften kritischer Phänomene? Wenn wir die Natur betrachten und versuchen, einige ihrer Eigenschaften in Worte zu fassen, kommen wir schnell auf den Begriff »Struktur«. Vieles ist hochstrukturiert, und oft haben Teile einer Struktur ähnliche Eigenschaften wie das Ganze, sind nur kleiner.

Ein Baumstamm teilt sich in mehrere große Hauptäste, die sich wieder in kleinere verzweigen. Diese Verästelung wiederholt sich bis zu den kleinen Spitzen mit Blättern. Der Baum ist selbstähnlich, seine Teile haben die Form des Ganzen. Basierend auf diesem einfachen Prinzip wird in der Pflanzenwelt eine ungeheure Vielfältig-

Selbstähnliche »Bäume und Gräser« aus dem Computer. Alle vier Beispiele sind nach dem gleichen Muster gestrickt.

KRITIKALITÄT

keit von Formen erzeugt, die sich zwar oberflächlich unterscheiden, aber denselben Gesetzmäßigkeiten folgen. Mit Hilfe einfacher Computerprogramme lassen sich so Strukturen nachbilden, die echten Pflanzen ähneln. Man fängt zum Beispiel mit einem Stamm an, der sich in drei kleinere Äste teilt, die, verglichen mit dem Stamm, verkürzt sind, in einem bestimmten Winkel geneigt sind und (optional) im Durchmesser abnehmen. Auf den Enden der drei Stämme setzt man wieder jeweils drei Äste an, die in Bezug auf ihren Ursprungsast den gleichen Neigungswinkel- und Längenreduktionen folgen. Je nachdem, wie man Winkel und Verkürzungen im Modell einstellt, entstehen fast natürliche Formen. Strukturen dieser Art hat der berühmte Mathematiker Benoît Mandelbrot »Fraktale« getauft und die mathematischen Eigenschaften und Grundlagen in dem Buch »Die fraktale Geometrie der Natur« beschrieben. Suchen Sie doch einmal auf Ihrem Mobiltelefon oder Computer »Bilder von Fraktalen«. Nahezu alle Computervisualisierungen basieren auf einfachen mathematischen Regeln, und viele der komplexen fraktalen Formen erinnern an Strukturen, die wir aus der Natur kennen.

Zwei Momentaufnahmen des einfachen Waldbrand-Modells. Links: Ist die Bewuchsdichte hoch, breitet sich der Waldbrand konzentrisch aus. Rechts: Genau am kritischen Punkt bekommt der Waldbrand eine fraktale Struktur.

Entfalten sich dynamische Prozesse an einem kritischen Punkt, zeigen sie häufig auch fraktale Strukturen. Betrachten wir noch einmal das eingangs diskutierte einfache Waldbrand-Modell. Visualisiert man Momentaufnahmen der Ausbreitung, erkennt man, dass bei genügend hoher Walddichte sich das Feuer konzentrisch ausbreitet. Nähert man sich der kritischen Dichte, nimmt das Muster fraktale Strukturen an mit Ausbuchtungen, die ihrerseits aus kleineren bestehen. Beobachtet man diese Strukturen dann in realen Ausbreitungsphänomenen, kann man daraus ableiten, dass das System an einem kritischen Punkt ist, was gerade bei der Bekämpfung von Waldbränden sehr hilfreich sein kann. Wenn man zum Beispiel erreicht, dass die Ausbreitungsmuster fraktal werden, kann man durch geringfügige Verstärkung der Maßnahmen dem Brand den Garaus machen.

Natürliche Wachstumsprozesse erzeugen diese Strukturen, weil sie typischerweise mit beschränkten Ressourcen irgendeine andere Größe optimieren müssen, also in einem kritischen Kosten-Nutzen-Trade-off wachsen. Pflanzen müssen beispielsweise mit minimalem Materialaufwand eine möglichst große Fläche erzeugen, um viel Licht für die Energiegewinnung durch Fotosynthese einfangen zu können. Blutgefäße im Körper müssen mit möglichst geringem Gewebeeinsatz alle Teile des Körpers erreichen, um sie mit Sauerstoff zu versorgen. Aufgrund der universellen Eigenschaften kritischer Prozesse entstehen diese Strukturen auf natürliche Art und Weise und sind damit ein Erkennungsmerkmal.

Hier ein Beispiel aus einer ganz anderen Ecke: Sie kennen vielleicht den Satz »Alle Wege führen nach Rom«. Die Designer Benedikt Groß, Philipp Schmitt und der Geograph Raphael Reimann wollten 2018 diese Behauptung überprüfen. Sie haben die Daten des Kartensystems OpenStreetMap verwendet und für das gesamte europäische Straßennetz den kürzesten Weg nach Rom berechnet, so wie es die Navigationssysteme auf Ihrem Handy machen, wenn Sie den optimalen Weg zu Ihrem Ziel wissen wollen.

Die Abbildung zeigt das Geflecht der kürzesten Wege nach Rom. Wenn man es nicht besser wüsste, könnte man meinen, es handle

KRITIKALITÄT

sich um die Aufnahme eines biologischen Gefäßsystems. Die Ähnlichkeit dieser beiden oberflächlich unverwandten Strukturen zeigt einmal mehr, dass unterschiedlich erscheinende Systeme nach ganz ähnlichen, fundamentalen Prinzipien aufgebaut sind.

Verschiedene Wissenschaftlerinnen und Wissenschaftler halten das Prinzip der selbstorganisierten Kritikalität für so grundlegend, dass es gewissermaßen als Naturgesetz interpretiert werden muss, also als definierende Eigenschaft komplexer Prozesse in der Natur. Was aber ist die Konsequenz? Was können wir daraus lernen? Welche Rückschlüsse können wir ziehen? Die beobachteten Potenzgesetze katastrophaler Ereignisse, wie Waldbrände, Pandemien, Terrorismus, Erdbeben, bedeuten, dass wir immer damit rechnen

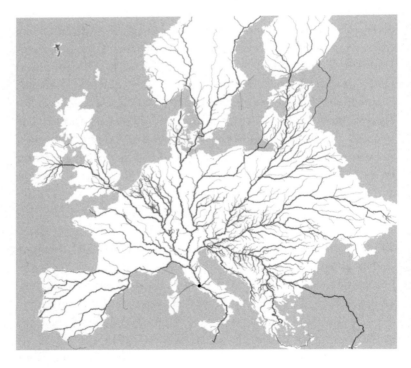

Alle Wege führen nach Rom.

müssen, dass Ereignisse kommen werden, die um Größenordnungen schlimmer sind als das, was man bereits kennt, und wir uns nachhaltig darauf einstellen und Reaktionen auf solche Ereignisse planen müssen. Zweitens könnte man gerade in Situationen, die aufgrund unserer gesellschaftlichen Struktur selbst-organisiert kritisch sind, durch geplantes Handeln dafür sorgen, dass wir bewusst und durch richtige Maßnahmen die Phänomene von ihrem kritischen Punkt entfernen, also aus der Kritikalität lösen. Das gilt gerade für Systeme, die allein oder teilweise durch gesellschaftliche Veränderungen beeinflusst werden können, wie Pandemieverläufe und Terrorismus oder nicht regulierte Finanzmärkte. Wieso aber sehen wir die selbstorganisierte Kritikalität in so vielen natürlichen Phänomenen? Welchen Vorteil könnte diese Eigenschaft der Natur haben? Die Potenzgesetze in den Veränderungen natürlicher Systeme bedeuten, dass meistens nur kleine Veränderungen stattfinden, ein komplex vernetztes Ökosystem zum Beispiel kann so durch kleinere Veränderungen ein immer solideres Gleichgewicht finden. Durch die sehr seltenen, aber starken Disruptionen kann andererseits ein eingefahrenes System auch neue, potenziell stabilere Gleichgewichtszustände erreichen, die durch kleinere Änderungen gar nicht erreichbar wären. Selbstorganisierte Kritikalität bedeutet also nicht nur Stabilität, sondern auch die Möglichkeit zu radikalen Veränderungen und weiterer Entwicklung.

KIPPPUNKTE

Wie Murmeln dabei helfen, die Klimakrise besser zu verstehen

Tief im chaotischen Regime führen die kleinsten strukturellen Veränderungen fast immer zu riesigen Änderungen im Verhalten.

Stuart Kauffman

Haben Sie sich schon einmal gefragt, woher Sie kommen? Für die meisten Menschen sind die allerersten Eindrücke recht vage, weil wir ja Erinnerungen erst ein paar Jahre nach unserer Geburt entwickeln. Meine erste: Als ich mit drei Jahren meiner Mutter im Dänemarkurlaub eine Bocciakugel an den Kopf geworfen habe. Das war ein Experiment. Wobei ich nicht genau weiß, ob ich mich an das Ereignis selbst oder nur an die Erzählung darüber erinnere. Meine erste verlässliche Erinnerung hat etwas mit Klaus Kleinwächter zu tun, den Sie im letzten Kapitel kennengelernt haben. Er fragte mich 1973, wie alt ich sei, worauf ich ihm vier Finger hingehalten habe.

KIPPPUNKTE

Wir haben unseren Anfang nicht bewusst erlebt, und das macht misstrauisch. Die Menschen finden verschiedene Antworten auf die Frage nach dem Beginn ihrer Existenz. Wer wissenschaftliche Antworten mag, hat vermutlich im Biologieunterricht eine mehr oder weniger präzise erhalten. Fakt ist, dass mit der Befruchtung der menschlichen Eizelle durch eine Samenzelle das Ganze im Mutterleib irgendwie beginnt. Das haben die meisten einmal gelernt. Die Eizelle spendierte Ihre Mutter. Aber wussten Sie, dass das Ei Ihrer Mutter sich schon entwickelt hat, während diese selbst noch ein Embryo war? Die Urkeimzelle, aus der alle Eizellen Ihrer Mutter stammen, wurde gebildet, als Ihre Mutter, nur ein paar Millimeter groß, selbst noch im Uterus Ihrer Großmutter verweilte. Der Anfang von Ihnen liegt also gewissermaßen schon in der Gebärmutter Ihrer Großmutter. Das ist ein bisschen komisch.

Sind Ei- und Samenzelle erst einmal verschmolzen, beginnt nach etwa einem Tag der Prozess der Zellteilung. Aus der befruchteten Zelle werden schnell zwei, die genetisch identisch, also ge-

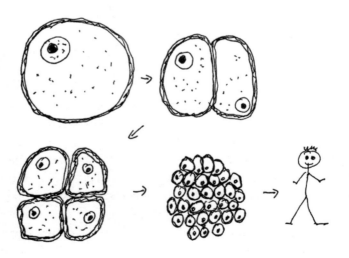

Zellteilung – von der befruchteten Eizelle bis zum Menschen

Wie Murmeln dabei helfen, die Klimakrise besser zu verstehen

naue Kopien voneinander sind, mit demselben genetischen Bauplan. Die zwei neuen Zellen teilen sich wieder nach etwa einem Tag, und wir haben vier Kopien, acht, 16, und nach kurzer Zeit ist der Embryo ein Zellhaufen gleicher Zellen, die sich äußerlich nicht unterscheiden.

Spulen wir die Zeit neun Monate vor. Sie kommen zur Welt. Aus dem kleinen Zellhaufen ist ein (nahezu) vollständiger Mensch geworden. Warten wir noch, bis Sie erwachsen sind. Jetzt bestehen Sie aus etwa 100 Billionen einzelnen Zellen. Jede einzelne dieser 100 000 Milliarden Zellen enthält (mit wenigen Ausnahmen) immer noch eine komplette Kopie Ihres Bauplans, des Genoms. Sie sind aber kein gigantischer Zellhaufen. Ganz im Gegenteil. Sie haben Organe, Hirn, Herz, Lunge, Knochen, Blut und Struktur. Ihr Körper besteht aus etwa 300 verschiedenen Zelltypen.

Da gibt es Nervenzellen, Blutzellen, verschiedene Hautzellen, Fettzellen (meistens zu viele), Muskelzellen (meistens zu wenige). Die verschiedenen Zelltypen haben sehr unterschiedliche Funktio-

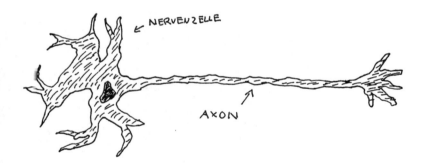

Zwei menschliche Zellen. Die Nervenzelle hat eine komplexe Struktur, das Axon leitet elektrische Impulse weiter. Ein rotes Blutkörperchen hingegen ist ganz simpel strukturiert.

nen und auch ganz unterschiedliche Form. Einzelne Nervenzellen (wir haben davon in Hirn und Rückenmark etwa 100 Milliarden) zum Beispiel haben eine komplexe Form. Ihre Axone, Nervenzellfortsätze, die elektrische Impulse übertragen, können bis zu einem Meter lang sein, bei einem Durchmesser von etwa zehn Mikrometern (wäre ein Axon so dick wie ein Gartenschlauch, wäre es drei Kilometer lang). Nervenzellen haben eine sehr lange Lebensdauer. Nachdem sie ausgewachsen sind, bleiben viele ein Leben lang erhalten, fest eingebettet in das Nervensystem. Rote Blutkörperchen, die den Sauerstofftransport erledigen, sind viel simpler. Sie haben die Form einer eingedrückten Kugel, sind sehr klein und haben eine kurze Lebensdauer von etwa 100 Tagen, dann sterben sie und werden durch neue ersetzt, die im Knochenmark aus Stammzellen hergestellt werden. Sie sind aber sehr beweglich. Alle 60 Sekunden rau-

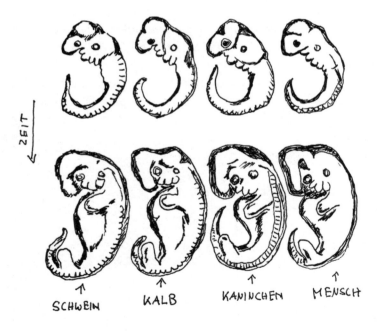

Embryonale Entwicklungsstufen verschiedener Säugetiere

schen sie einmal durch Ihren gesamten Kreislauf. Blut- und Nervenzellen haben den identischen genetischen Bauplan und sind doch so unterschiedlich. Wie kann das sein? Während der embryonalen Entwicklung entstehen aus dem kleinen Zellhaufen all diese unterschiedlichen Zellen und strukturieren sich selbst zu einem vollständigen Neugeborenen.

Embryogenese und Zelldifferenzierung

Die Entwicklung der Embryos zu einem vollständigen Organismus kann man auf zwei Ebenen betrachten. Rein morphologisch ähneln sich die Embryos verschiedener Wirbeltiere zunächst sehr. Alle Arten fangen mit einem Zellhaufen an, nach und nach bilden sich Organe, Gliedmaßen, Kopf, Augen. Man kann in den Anfangsstufen die Embryos von Schwein, Kalb, Kaninchen und Mensch nur schwer unterscheiden. Erst allmählich werden die Unterschiede immer stärker. Selbst der menschliche Embryo hat in den ersten Wochen der Entwicklung wie so viele Säugetiere noch einen Schwanz, der sich dann zurückbildet und zum Steißbein wird. Die ersten Wissenschaftlerinnen und Wissenschaftler, die Embryos verschiedener Arten in den einzelnen Entwicklungsstadien systematisch verglichen, haben postuliert, dass die Embryogenese die evolutionären Entwicklungsstufen der Arten sozusagen im Schnelldurchlauf nachzeichne.

Betrachtet man den ursprünglichen Zellhaufen von, sagen wir, 32 Zellen: An welcher Stelle wissen die Zellen, dass sie sich zu einer Nerven-, einer Leber-, Haut- oder Muskelzelle entwickeln, und wie wird ein Durcheinander vermieden? Das ist besonders merkwürdig, weil ja alle Zellen des Zellhaufens denselben genetischen Bauplan enthalten, dasselbe Genom. Beobachtet man den Prozess der Zellteilung länger, stellt man fest, dass es irgendwann zu einer Zelldifferenzierung kommt und sich entscheidet, ob eine Zelle eine Muskel- oder eine Hirnzelle wird. Die ursprünglichen Zellen sind noch totipotent, das heißt, aus ihnen können sich prinzipiell alle Zelltypen entwickeln. Das haben Wissenschaftler in Experimenten nachgewiesen, indem der Urzellhaufen einfach zweigeteilt wurde. Aus beiden hat sich dann ein ganzer Organismus entwickelt.

Welche Schritte die Zellen in der Differenzierung machen, hängt von internen Prozessen und ihrer unmittelbaren Umgebung ab, sie »schauen« sozusagen, was um sie herum passiert. Während die Zellteilung fortschreitet, verlieren die Zellen ihre Totipotenz, sie werden pluripotent, und es können nicht mehr alle Zelltypen, sondern nur noch einige wenige aus ihnen entstehen. Die Kaskaden von Zelldifferenzierungen sind entscheidend, dass sich beim Embryo aus einem unstrukturierten Zellhaufen ein hochdifferenzierter Organismus entwickelt. Haben die Zellen erst einmal einen Schritt in der Differenzierung gemacht, ist dieser nahezu unumkehrbar. Irreversibilität nennt man das. Der Entwicklungsbiologe

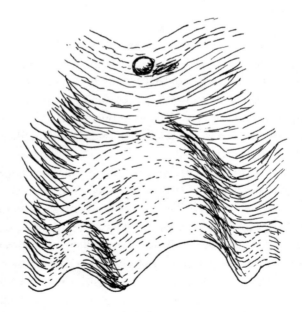

Waddingtons epigenetische Landschaft

Conrad Hal Waddington hat 1940 die Zelldifferenzierung in einer berühmten grafischen Metapher dargestellt.[32]

Eine Murmel kullert ein System von Bergrücken und Tälern hinunter. Die Landschaft wird Richtung Tal immer zerklüfteter. Anfangs rollt die Murmel durch eine breite Senke, diese teilt sich dann in zwei Täler auf, die Murmel nimmt einen der beiden möglichen Wege. Eine seitliche Verbindung gibt es nicht, ein Bergrücken steht dazwischen. Auf dem Weg nach unten wiederholt sich der Prozess, bis die Murmel schließlich in einem von vielen Endzuständen landet, die alle voneinander getrennt sind. Dieses Bild veranschaulicht die Irreversibilität, die Murmel kann nicht einfach von einer Furche in eine benachbarte geschoben werden. Das gilt auch für die Zelldifferenzierung, die nicht nur in der Embryonalentwicklung wichtig ist. Jeden Tag werden in Ihrem Körper viele Millionen Zellen aus Stammzellen neu erschaffen. Diese Stammzellen zum Beispiel in Ihrem Knochenmark sind, ähnlich wie die embryonalen Stammzellen, multipotent. Aus einem Zelltyp entwickeln sich viele andere Typen durch sequenzielle, irreversible Differenzierung.

Irreversibilität ist entscheidend, um sowohl bei der Entwicklung als auch später Chaos zu vermeiden. Nervenzellen im Hirn zum Beispiel sollten sich nicht einfach teilen, wie Stammzellen es tun. Das wäre ein Fehler mit fatalen Folgen. Viele Krebserkrankungen entstehen genauso: Durch genetische Veränderungen erlangen ganz normale Gewebezellen plötzlich wieder die Fähigkeit, sich zu teilen und sich unkontrolliert zu vermehren, es wächst ein Tumor.

Was genau passiert in den Stammzellen, wenn sie sich zu speziellen Zellen unterschiedlichster Art entwickeln? Irgendeinen zellinternen Schalter muss es geben, der an- oder ausgeknipst wird und bei der weiteren Zellteilung dann auch in diesem Zustand bleibt. Außerdem brauchen die Zellen eine Sensorik, um zu »wissen«, was in ihrer Umgebung passiert. Und genau so ist es. In den einzelnen Zelltypen werden zu unterschiedlichen Zeiten verschiedene Gene »expremiert«. Etwas vereinfacht beschrieben, wird aus jedem Gen genau eine Sorte Protein gebaut, das für die biochemischen Reaktionen in einer Zelle wichtig ist. Manche Gene stellen andauernd Proteine her, andere nur unter bestimmten Bedingungen. Vereinfacht kann man sich vorstellen, dass einzelne Gene angeschaltet sind, wenn sie Protein produzieren, und ausgeschaltet, wenn sie es nicht tun. Das An- und Ausschalten eines Gens verursachen wieder andere Proteine, die ihrerseits durch bestimmte Gene hergestellt werden.

Die Komplexität von Genregulationsnetzwerken

Die Gene regulieren und beeinflussen sich gegenseitig. Das Gesamtsystem der Gene einer Zelle heißt deshalb Genregulationsnetzwerk. Das funktioniert wie bei einem Computerschaltkreis. Sehr häufig kann ein einziges Gen viele weitere steuern. Andere Gene wiederum werden durch äußere Bedingungen reguliert. Bei der Zelldifferenzierung schalten sich nach und nach je nach äußeren Bedingungen verschiedene Gene gegenseitig aus und bleiben dann auch ausgeschaltet. Die verschiedenen Zelltypen sind also einfach in unterschiedlichen Zuständen des gesamten Genregulationsnetzwerks. Ein menschliches Genom hat etwa 20 000 Gene (das hängt ein bisschen davon ab, wie man zählt und »Gen« definiert). Und diese 20 000 Gene sind auf komplexe Art miteinander verschaltet.

Die Bäckerhefe, ein einfacher einzelliger Organismus, hat 6500 Gene, also nicht so viel weniger als der Mensch. Die gewöhnliche Hausmaus, ein Huhn oder ein Kugelfisch haben in etwa genauso viele Gene wie der Mensch. Die Weißfichte oder Mais haben mehr als doppelt so viele. Das Genom des äthiopischen Lungenfischs ist etwa 43-mal so groß wie das des Menschen. Das Geheimnis der Komplexität und die Unterschiedlichkeit der Organismen liegt also nicht nur in den Genen, sondern in der Art und Weise, wie diese miteinander verschaltet sind und welchen Einfluss sie aufeinander haben. 1969 hat der Physiker, Biologe und Mediziner Stuart

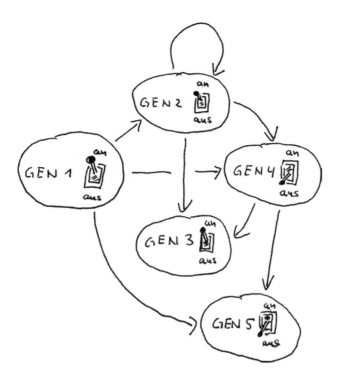

In Zellen regulieren sich Gene gegenseitig und schalten sich an und aus. Pfeile repräsentieren, welche Gene welche anderen Gene beeinflussen.

Kauffman als Erster die Komplexität von Genregulationsnetzwerken mathematisch untersucht.³³ In seinem abstrakten Modell wird ein Satz von Genen durch simple An-aus-Schalter modelliert. Eine vereinfachte Version des Kauffman'schen Modells funktioniert so: Ein Gen ist ein Schalter mit zwei möglichen Zuständen, an oder aus, mathematisch 0 oder 1. Der Zustand des Gesamtsystems aller Gene wird durch eine Reihe von Nullen und Einsen beschrieben, jede Stelle der Sequenz codiert ein Gen. In einem System von drei Genen bedeutet die Sequenz »011«: Gen eins ist aus, Gen zwei und drei sind an. Ein Satz von drei Genen kann so 2 × 2 × 2 = 8 verschiedene Gesamtzustände haben: 000, 001, 010, 100, 011, 101, 110 und 111. Die Anzahl der möglichen Kombinationen wächst rapide mit der Anzahl der Gene, zehn Gene können 1024 Kombinationen produzieren. 100 Gene schon 1267650600228229401496703205376 (das Ergebnis bekommt man, wenn man 100 Mal 2 mit sich selbst multipliziert).

Im Kauffman'schen Modell bekommt jedes Gen einen Input von zufällig gewählten anderen Genen. Diese Inputs können entweder positiv oder negativ sein. Überwiegen die negativen Inputs, wird das Gen ausgeschaltet, überwiegen die positiven Einflüsse, schaltet sich das Gen ein und übt seinerseits Einfluss auf andere Gene aus. Startet man im Modell in einem beliebigen Anfangszustand aller Gene, ändern sie nach und nach ihren eigenen Zustand, bis das System in einer Gleichgewichtskonfiguration angekommen ist.

In seinen Untersuchungen hat Kauffman etwas Erstaunliches gefunden. Trotz der sehr großen Anzahl möglicher Schalterkombinationen entwickelt sich ein Netzwerk von jedem beliebigen Anfangszustand aus ganz automatisch immer in einen von wenigen Endzuständen. Diese Endzustände sind sehr stabil. Störte man das System ein wenig, zum Beispiel durch äußere Einflüsse, kehrte es von allein in den stabilen Zustand zurück, so wie eine Murmel wieder in die Senke zurückrollt. Nur wenn die Störungen sehr stark werden, wechselt das Gesamtsystem in einen anderen stabilen Zustand. Mehr noch: Die Genregulationsnetzwerke sind robust. Selbst wenn man vereinzelt einige Verbindungen zwischen den Genen kappt oder zufällig neue Verbindungen einbaut, findet das Netzwerk weiter seine Zielkonfigurationen. Die Modellnetzwerke sind also multistabil und robust.

Obwohl das strukturell einfache Kauffman'sche Modell entwickelt wurde, um die Eigenschaften von Genregulationsnetzwerken zu verstehen, haben die Kerneigenschaften der Multistabilität und Robustheit genauso Gültigkeit in anderen Bereichen, wo sich dynamische Einzelelemente in einer Netzwerkstruktur gegenseitig beeinflusser. Das beste Beispiel sind neuronale Netzwerke, also zum Beispiel unser zentrales Nervensystem. Obwohl das Ganze hier etwas komplizierter ist, kann man einzelne Nervenzellen als An-aus-Schalter verstehen, die wiederum die Aktivität anderer Nervenzellen regulieren können. Durch einen Sinnesstimulus werden Kaskaden von Schaltungsvorgängen ausgelöst und verarbeitet. Die Multistabilität bedeutet in diesem Zusammenhang, dass das neuronale Netzwerk zum Beispiel einen Hund von einer Katze unterscheiden kann, weil im Prozess der Reizverarbeitung beide Sinneseindrücke zu jeweils einem stabilen internen Netzwerkzustand gehören. Und auch diese Netzwerke sind äußerst robust; selbst wenn substanzielle Teile eines Nervensystems kaputtgehen, kann das System dennoch funktionieren.

Ökologische Netzwerke

Ganz besondere Bedeutung gewinnen die multistabilen, robusten Netzwerke in der Ökologie. Egal welches Ökosystem auf der Erde man sich anschaut, im Amazonas, in Sibirien, in der Tiefsee, am Great Barrier Reef, in der Wüste, im Wattenmeer oder im Grunewald bei Berlin: In jedem System koexistieren viele Millionen Arten, die aufeinander Einfluss haben. Die Artenvielfalt ist unfassbar groß. Bis vor Kurzem hat man geschätzt, dass auf der Erde etwa 80 000 Wirbeltierarten existieren, etwa sieben Millionen Wirbellose, davon fünf Millionen Insektenarten, etwa 400 000 Pflanzenarten, 1,5 Millionen Pilzspezies. Bezieht man aber mikrobielle Organismen, also Bakterien und Archaeen, mit ein, kommen neueste Studien auf mehr als eine Billion Arten. Das, was wir im täglichen Dasein wahrnehmen können – Pflanzen, Tiere, Pilze, wenn wir durch den Wald spazieren –, ist ein verschwindend geringer Teil der gesamten Artenvielfalt. Die Vielfalt unter den Mikroben ist hunderttausendfach größer als das, was wir sehen.

Allein in Ihrem Verdauungssystem leben 5700 Bakterienarten,

KIPPPUNKTE

Ein Nahrungsnetzwerk

auf Ihrer Haut etwa 1000 und in Ihrem Mund und Rachen sind es rund 1500 Arten.[34]

In Ökosystemen sind all diese Arten auf komplexe Art miteinander vernetzt, nehmen Einfluss aufeinander. Manche ernähren andere, die ihrerseits wieder andere als Nahrung nutzen, Pilzspezies kooperieren in Symbiosen mit Pflanzen, Arten konkurrieren um Ressourcen. Die Beziehungen zwischen verschiedenen Arten werden oft als Nahrungskette visualisiert, wobei das englische Wort »foodweb« den Netzwerkcharakter der Beziehungen in Ökosystemen besser beschreibt. Allerdings zeigen die geläufigen Darstellungen typischerweise nur Arten, die wir sehen können. Die Mikroben werden oft vernachlässigt. Die ökologischen Netzwerke bilden als Gesamtsystem ein dynamisches Gleichgewicht, das man auch Homeostase nennt: Alles ist in Bewegung und dennoch im Gleichgewicht.

Ein gesundes Ökosystem ist so wie ein Genregulationsnetzwerk ungeheuer stabil gegenüber äußeren Einflüssen, zum Beispiel klimatischen Veränderungen oder zufälligen Störungen. Es kommt mit Jahreszeiten klar, Unwettern und zu einem fast unglaublichen Grad mit uns, also der Spezies Mensch. Betrachtet man unseren Umgang mit der Natur, ist es geradezu verwunderlich, dass Ökosysteme nicht reihenweise kollabieren. Ein Beispiel: Als die Menschheit von Afrika aus vor 100 000 Jahren die gesamte Welt nach und nach besiedelte,

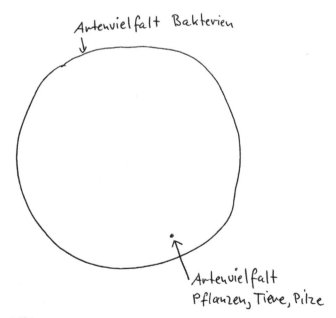

Artenvielfalt

rottete sie überall, wo sie hinkam, in kürzester Zeit die Megafauna aus. So verschwanden in Nordamerika vor etwa 12 000 Jahren Wollhaarmammuts, Säbelzahnkatzen, Kamele, amerikanische Löwen, in Südamerika Riesenfaultiere und Riesengürteltiere. Dennoch sind diese Ökosysteme nicht kollabiert. Wird eine Waldfläche komplett gerodet, fängt die Natur schon bald wieder von vorne an, und auf der gerodeten Fläche wächst neuer Wald. Diese Robustheit verdanken Ökosysteme den selbstregulierenden Netzwerkstrukturen, die sie zusammenhalten.

Für die meisten Arten gilt: Wenn nur eine Art lokal verschwindet, durch Zufall oder durch äußere Veränderungen wie ein schwerer Winter, kollabiert dadurch nicht das Gesamtsystem, die Verhältnisse verschieben sich einfach etwas. Wenn im Folgejahr dann von der einen oder anderen Pflanzen-, Insekten- oder Bakterienart nicht mehr so viel Bestand vorhanden ist, kann das System durch die Netzwerkregulierung der verschiedenen Arten wieder in einen Gleichgewichtszustand zurückfinden.

Aber: nicht immer. Dazu gleich mehr.

Die Multistabilität von Ökosystemen

In den letzten Jahrzehnten haben sich viele Wissenschaftlerinnen und Wissenschaftler mit Fragen zur Multistabilität beschäftigt. Warum ist ein Ökosystem stabil? Unter welchen Bedingungen? Und: Gibt es vielleicht wie bei den Genregulationsnetzwerken verschiedene stabile Zustände? Um sie zu beantworten, wurden viele Modelle entwickelt. Erinnern Sie sich noch an die Schneeschuhhasen und die Luchse? In diesem Räuber-Beute-System ernähren die Hasen die Luchse. Das Lotka-Volterra-Modell, das die Dynamik der Luchse und Schneeschuhhasen beschreibt, kann man leicht erweitern. Solche einfachen Ökosystem-Modelle beschreiben x-verschiedene Arten, die auf irgendeine Weise miteinander wechselwirken. Manche Arten beeinflussen sich gegenseitig positiv (Mutualismus) oder negativ (Konkurrenz), bei anderen, wie den Luchsen und Schneeschuhhasen, ist der Einfluss positiv in die eine und negativ in die andere Richtung. Wendet man diese Konzepte auf die Dynamik eines Modell-Ökosystems an, zeigt sich, dass verschiedene stabile Endzustände existieren können, es halten jeweils verschiedene Kombinationen von Arten das Gleichgewicht. Der Zustand beschreibt die Häufigkeiten der verschiedenen Arten im Gleichgewicht. Stört man das System, indem man die Häufigkeit einer Art etwas verändert, kehrt es automatisch in den stabilen Zustand zurück. Ist eine äußere Störung allerdings zu stark, zum Beispiel, weil eine neue Art in das System einwandert oder eine existierende Art (zum Beispiel von uns Menschen) sehr dezimiert wird, kann das System plötzlich und unerwartet in einen anderen stabilen Zustand kippen. Welche Netzwerkeigenschaften genau ein ökologisches System stabil machen, ob es nun Konkurrenz ist, Symbiose oder Räuber-Beute-Beziehungen, werden wir im Kapitel »Kooperation« noch genauer beleuchten.

Typisch für viele Ökosysteme sind sogenannte Schlüsselarten. Werden diese dezimiert oder eliminiert, wirkt sich das auf die Häufigkeit verschiedener Arten aus. Ein Ökosystem kann sehr schnell seine komplette Artenzusammensetzung verändern. Typischerweise ist das dann mit einem starken Rückgang in der Artenvielfalt verbunden.

Die Multistabilität und die möglichen Gleichgewichtszustände eines Ökosystems lassen sich in mathematischen Modellen einfach und systematisch analysieren.[35] Viel schwieriger ist das natürlich in realen Ökosystemen, weil wir normalerweise nur einen Gleichgewichtszustand erleben. Wir wissen also so gut wie nie, welche anderen Artenzusammensetzungen ebenfalls möglich wären. Aber ein paar illustrative Beispiele gibt es doch, welche die in Modellen prognostizierte Multistabilität auch in realen Systemen belegen. Vielleicht haben Sie schon einmal beobachtet, dass ein kleiner oder großer See in Ihrer Nachbarschaft ganz unterschiedlich aussehen kann. In einem Jahr ist sein Wasser klar, in anderen Jahren ganz trüb. In der Tat weiß man, dass Seen genau diese beiden sehr unterschiedlichen stabilen Gleichgewichtszustände haben können: entweder klar oder trüb. Im Klarwasserzustand bekommen die Pflanzen genug Licht und wachsen, was mehr Wasserflöhen Schutz bietet, die wiederum genügend Algen, die sonst den See trüben würden, fressen. Erhöht man langsam das Nahrungsmittelangebot (zum Beispiel durch Fütterung von Enten), vermehren sich Fische stärker und fressen zu viele Wasserflöhe, Algen breiten sich aus, der See trübt sich, die Pflanzen sterben, weniger Wasserflöhe finden Schutz und noch mehr Algen entstehen. So kann ein See umkippen. Oftmals geschieht der Prozess des Umkippens, ähnlich wie bei den kritischen Phänomenen, nicht graduell, sondern rapide, selbst dann, wenn ein äußerer Faktor (hier die Fütterung) sich nur langsam ändert. Ist ein See erst einmal umgekippt, kann er nicht mehr so einfach in den klaren Zustand zurück überführt werden, weil der selbstverstärkende Effekt der Pflanzen fehlt. Es hilft dann auch nichts, die erhöhte Nahrungsmittelzufuhr wieder etwas zu reduzieren auf ein Niveau vor dem Kipppunkt. Der See bleibt trüb.

Diese Irreversibilität ist eine typische Eigenschaft von Kipppunkten.[36] Genau wie bei Stammzellen nach einem Differenzierungsschritt ist die Umkehrung nur äußerst schwer und zuweilen unmöglich. Bei gekippten Seen müssen die Nahrungsmittel auf ein deutlich geringeres Niveau zurückgefahren oder der Fischbestand massiv reduziert werden. Erst dann erholt sich die Wasserflohpopulation, die Algen können gefressen werden und die Pflanzen können langsam wieder nachwachsen. Ist der Kipppunkt erst einmal überschritten, setzt eine Kaskade von Ereignissen ein, die das System in einen total anderen Gleichgewichtszustand bringen. Stoppt man die auslösende Ursache für das Überschreiten, kehrt das Gesamtsystem nicht wieder in den ursprünglichen Zustand zurück. Diesen Effekt nennt man Hysterese.

Während es bei der Embryonalentwicklung notwendig und gut ist, dass einzelne Zellen sich durch langsame Veränderungen ihrer Umgebung irreversibel ausdifferenzieren und durch kleine Änderun-

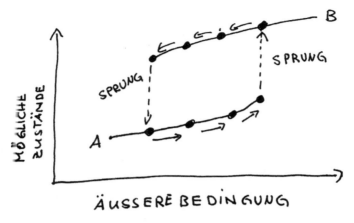

Hysterese

ger ihre Form und Funktion schlagartig verändern, ist Irreversibilität bei Ökosystemen eher schlecht.

Man kann die Irreversibilität gut mit einer vereinfachten Form der Waddington-Murmel in zwei Mulden erklären. Stellen Sie sich vor, eine Murmel liegt in einer Mulde. Diese Mulde entspricht einem möglichen Gleichgewichtszustand. Wird die Murmel etwas aus diesem Gleichgewicht herausbewegt, kullert sie von allein wieder zurück, bis sie zur Ruhe kommt. Allerdings gibt es, getrennt durch einen Hügel, noch eine zweite Mulde, in der die Murmel ebenso gut liegen könnte. Durch äußere Einflüsse kann sich die »Landschaft« der Hügel und Täler langsam verändern. Zum Beispiel könnte die obere Mulde etwas angehoben und abgeflacht werden. Erst einmal wird die Murmel weiterhin in der Mulde liegen bleiben. Flacht sie aber weiter ab und verschwindet schließlich, kullert die Murmel von selbst in die zweite Mulde, also den alternativen Zustand, das andere Gleichgewicht. Selbst wenn man die äußeren Einflüsse wieder auf den Ursprungszustand zurückdreht, wird die Murmel weiter im zweiten Zustand verharren. Sie wieder zurückzuführen, erfordert viel Mühe.

KIPPPUNKTE

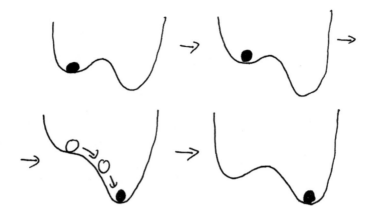

Doppelmulde

Obwohl das Doppelmuldenmodell so einfach ist, lassen sich noch etliche andere Kipppunkte in ökologischen Systemen damit genau beschreiben.[37] In vielen Breitengraden sind Wälder und Wiesen zwei stabile Landschaftszustände. Auf Weiden können junge Bäume nur schwer überleben, grasende Tiere sorgen dafür, dass eine Steppe oder Savanne nicht von alleine bewaldet wird. Ausgewachsene Waldflächen hingegen bleiben stabil, weil sie Wasser besser als unbewaldete Flächen speichern. In Tansania und Botswana konnten sich Ende des 19. Jahrhunderts Wälder spontan wieder ausbreiten, weil große Pflanzenfresser stark bejagt wurden. Und selbst als die Pflanzenfresserpopulationen sich wieder erholt hatten, blieben die gewachsenen Waldflächen stabil. Andersherum bewirkt insbesondere in trockenen Zonen eine starke Abholzung von Wäldern eine irreversible Wüstenbildung, weil durch die verminderte Anzahl großer Bäume weniger Feuchtigkeit gebunden wird. Das Gebiet vertrocknet, es können keine Bäume mehr wachsen.

Besonders komplex sind in der Regel die stabilen Zustände in marinen Ökosystemen. Diese hängen viel stärker von variablen

Größen wie Meeresströmungen und der Wechselbeziehung zwischen globalem Klima, lokalen atmosphärischen Verhältnissen und Ozeanen ab. Wissenschaftlerinnen und Wissenschaftler konnten durch genaue Untersuchung verschiedener Kenngrößen wie Fischfangraten, Planktondichte etc. zwischen 1965 und 2000 allein im Nordpazifik zwei globale und massive Zustandsänderungen feststellen, die beide innerhalb eines Jahres dauerhaft das Ökosystem verändert haben.[38] Diese sogenannten »regime shifts« sind bis heute nur schlecht verstanden. Man geht allerdings davon aus, dass sie jeweils durch das Überschreiten eines Kipppunkts – sei es auf natürliche Weise oder durch den Menschen verursacht – ausgelöst wurden. In marinen Ökosystemen ist die Zusammensetzung der Arten besonders wichtig. Die Überfischung einiger Schlüsselarten, also bestimmter Raubfische, kann eine Kaskade von Ereignissen hervorrufen, die das System aus einem Gleichgewichtszustand schnell und irreversibel in einen anderen führt. Es gibt kein Zurück.

Ökosysteme, Klima und Kippelemente

Welchen Zustand ein Ökosystem annimmt, hängt sehr stark von der Stabilität der klimatischen Bedingungen ab. Dieser Einfluss wirkt aber auch in die andere Richtung. Die weltweiten Ökosysteme bestimmen und stabilisieren das Klima. Wenn sich Ökosysteme durch Überschreiten von Kipppunkten in kürzester Zeit stark verändern, können sie auch lokale Klimasysteme ins Wanken bringen. Das Klima versteht man am besten als Netzwerk von dynamischen Teilsystemen, wie zum Beispiel dem Regenwald des Amazonas, der Meeresströmungen, die sich alle gegenseitig beeinflussen. Mittlerweile weiß man aus Klimamodellen, dass verschiedene regionale Faktoren, sogenannte Kippelemente, wichtig sind. Jedes dieser Elemente kann in zwei verschiedenen Zuständen sein, was wiederum Einfluss auf die anderen Elemente hat. 2005 trafen sich 36 Klimaexpertinnen und -experten in Berlin zu einem Workshop über »Tipping Points in the Earth System«. Sie fassten zusammen, welche dieser Elemente politisch relevant sind, bei welcher globalen Erderwärmung sie kippen und auf welchen Zeitskalen die dadurch einsetzenden starken und abrupten Klimaänderungen zu erwarten sind. Die Resultate sind besorgniserregend.[39]

Die Eisdecke Grönlands ist zum Beispiel ein solches Kippelement. Fängt das Grönlandeis an zu schmelzen, wird durch die freigegebene Landmasse die Temperatur weiter erhöht, was den Schmelzvorgang noch beschleunigt. In weniger als 300 Jahren könnte Grönland bei einer kritischen Erderwärmung um drei Grad eisfrei sein. Das würde zu einem Anstieg des Meeresspiegels um zwei bis sieben Meter mit massiven Folgen führen. Der Amazonas-Regenwald ist ein anderes Beispiel für ein klimatisches Kippelement. Bei einer globalen Erwärmung um etwa drei bis vier Grad würde die Kombination aus Abholzung und stärkeren Trockenphasen aufgrund der häufiger und massiver auftretenden El Niños an der südamerikanischen Pazifikküste innerhalb von nur 50 Jahren ein Verschwinden des Regenwalds nach sich ziehen, ebenfalls mit unberechenbaren Folgen für das globale Klimasystem.

Eines der einflussreichsten Kippelemente des Erdklimas ist die sogenannte thermohaline Zirkulation der Ozeane, die durch unterschiedliche Wassertemperaturen (thermo) und die Salzkonzentration (haline = salzig) des Wassers angetrieben wird. Wie ein gigantisches Förderband von Meeresströmungen verbindet sie vier der fünf Ozeane miteinander und leistet Wärme und Wassermassenaustausch über viele Tausend Kilometer. Der Golfstrom ist eine der wichtigsten Adern dieses Förderbands. Schmilzt durch erhöhte Erdtemperatur das Grönland- und das arktische Eis, fließt das abgeschmolzene Süßwasser in den Nordatlantik und kann so die thermohaline Atlantikströmung reorganisieren und zum Stillstand bringen, was in kürzester Zeit dramatische Folgen für das Klima hätte und wieder andere Kippelemente über deren Schwelle drücken würde. Die durch den Menschen verursachte langsame und stetige Erderwärmung kann in vielen dieser Kippelemente, der

Reihe nach und sich gegenseitig verstärkend, plötzliche, abrupte Änderungen hervorrufen und schließlich das gesamte Klimasystem in einen anderen Zustand bringen.[40] Dieser könnte fundamental anders sein als alles, was wir kennen.

Welche dramatischen Effekte die Überschreitung klimatischer Kipppunkte haben kann, zeigt die Erdgeschichte. Aus Untersuchungen in ozeanischen Sedimentschichten weiß man, dass zu verschiedenen Zeitpunkten sogenannte ozeanische anoxische Ereignisse stattgefunden haben. Binnen vergleichsweise kurzen Zeiträumen ist dabei die Sauerstoffkonzentration in den Ozeanen extrem stark abgesunken. In diesen Phasen gelangten aufgrund von starker Erosion oder vermehrten Vulkanausbrüchen Verwitterungsprodukte in die Ozeane. Sie wurden überdüngt. Gleichzeitig wurde die wichtige thermohaline Zirkulation unterbrochen. Wie die kleinen und großen Seen kippten die Ozeane dann praktisch gleichzeitig um. Es wird vermutet, dass dieser globale marine Kipppunkt schon mehrfach überschritten wurde und zum Teil zu marinen Massenaussterben geführt hat, von denen sich die Ozeane erst nach Hunderttausenden von Jahren wieder erholen konnten.

Wie aber kann man erkennen, ob ein System kurz vor seinem Kipppunkt steht? Kann man berechnen, wie ernst die Lage ist? Im Kapitel »Kritikalität« haben wir gesehen, dass in der Tat kritische Phänomene dynamische Signale aussenden, wenn sie sich dem kritischen Punkt nähern. Genauso verhält es sich mit Kipppunkten. Eine graduelle Annäherung an einen Kipppunkt führt zu stärkeren zufälligen Schwankungen in den Systemen. Jedes natürliche System ist immer irgendwelchen zufälligen Umwelteinflüssen ausgesetzt, die es ein bisschen aus dem Gleichgewicht bringen, in das es dann von selbst wieder zurückkehrt. Um noch einmal auf das Bild der Murmel zurückzugreifen: Durch zufällige Einflüsse von außen wird die Murmel immer mal wieder aus dem Gleichgewicht gestoßen und rollt dann zurück. Nähert man sich allerdings einem Kipppunkt, wird die stabile Mulde, in der das System verharrt, immer flacher. Das bedeutet, kleine Störungen, die die Murmel nach links oder rechts bewegen, haben größere Auswirkungen als in einer tiefen und engen Mulde. Das System hat größere Schwierigkeiten, von selbst wieder in das stabile Gleichgewicht zu finden. Im Murmelbild verstehen wir auch eine andere Eigenschaft, die mit der Annäherung an den Kipppunkt einhergeht und wissenschaftlich als »critical slowing down« – also kritische Verlangsamung – bezeichnet wird.[41] Da die Mulde kurz vor dem Kipppunkt fast flach ist, dauert es viel länger, bis die Murmel wieder im stabilen Minimum der Mulde angekommen ist. Genau diese beiden Effekte, stärkere Schwankungen und verlangsamte Rückkehr ins Gleichgewicht, hat man in sehr verschiedenen Systemen messen können.

Ein klassisches Kipppunkt-System entsteht in der Fischerei. Ohne Fischerei wächst zum Beispiel die Dorschpopulation in der Ostsee bis zu einem Gleichgewichtspunkt, an dem Reproduktion und limitiertes Futterangebot die Population konstant halten. Wird nun ein bestimmter Anteil der Population abgefischt, verringert sich zugleich die Konkurrenz der verbleibenden Population, und diese reguliert sich in etwa wieder auf den Gleichgewichtswert, trotz Fischerei. Wird aber zu viel Fischfang betrieben und der Kipppunkt überschritten, kollabiert die Dorschpopulation und erholt sich erst wieder, wenn deutlich weniger abgefischt wird als vor dem Erreichen des Kipppunkts. In realen Situationen wie diesen hat man beobachtet, dass die Schwankungen in den Populationen deutlich zunehmen, sobald die Fischfangrate auch nur langsam erhöht wird, und besonders stark vor einem Kollaps.

Auch bei erdgeschichtlichen großen klimatischen Veränderungen, zum Beispiel in den Übergängen von Eis- zu Wärmezeiten, hat man diese Kombination von verstärkten Schwankungen und »critical slowing down« feststellen können. Vor ungefähr 34 Millionen Jahren ist die Erde von einem sehr warmen tropischen Klima ohne Eis an den Polkappen, das mehrere Hundert Millionen Jahre konstant andauerte, in eine kältere Zyklusphase mit vereisten Polkappen eingetreten. Ein Fingerabdruck dieses Treibhaus-Eishaus-Übergangs konnte sehr gut in Kalksedimentschichten des Südpazifiks gemessen werden, wo ein starker Anstieg der Kalkkonzentration nachgewiesen wurde. Aber schon einige Millionen Jahre vor dem abrupten Übergang kündigte dieser sich in den Schwankungen der Kalksedimente an. Mittlerweile belegen zahllose Beispiele aus der Ökologie und Klimaforschung, dass die Mehrzahl der Kipppunkte diese universellen Signale aussenden.

Kipppunkte und rapide Übergänge von einem Systemzustand in den nächsten bei graduellen Veränderungen der äußeren Einflüsse gibt es nicht nur bei Ökosystemen oder Klimamodellen. Auch in sozialen Systemen spielen diese Prozesse eine wichtige Rolle.[42] Am besten sind Kipppunkte bei der rapiden Änderung sozialer Normen zu beobachten. Oft sind es aktive Minderheiten, die eine kritische Größe erreichen und dann dafür sorgen, dass sich eine soziale Norm sehr schnell ändert. Ein Beispiel für eine soziale Norm, die zunächst stabil blieb und dann plötzlich kippte, konnte man in der Intoleranz gegenüber Tabakkonsum in öffentlichen Räumen, der Legalisierung von Cannabis in vielen Ländern und der Änderung anderer sozialer Normen und Konventionen beobachten. Die einfachsten Modelle, die die Dynamik sozialer Normen und Konventionen beschreiben, funktionieren mathematisch ganz ähnlich wie die Murmel-in-der-Mulde-Modelle, die beim Verständnis der ökologischen Systeme geholfen haben. Wir werden im Kapitel »kollektives Verhalten« auf die Thematik noch genauer eingehen und Beispiele diskutieren. Das wichtigste Element in der abrupten Änderung sozialer Normen ist auch hier die Vernetzung der dynamischen Elemente; in diesem Fall sind es Menschen einer Gemeinschaft oder einer Gruppe, die in einem Netzwerk miteinander im Austausch stehen.

Mittlerweile werden, wie eingangs erwähnt, ökologische Netzwerkmodelle auch genutzt, um ökonomische Systeme, insbesondere die Dynamik von globalen Finanzsystemen, besser zu verstehen. In Finanzmärkten ist das sogenannte systemische Risiko eine wichtige Größe. Dieses Risiko beschreibt die Wahrscheinlichkeit, dass das gesamte vernetzte Finanzsystem oder ein anderer Wirtschaftszweig zusammenbricht, weil durch die komplexen Prozesse am Markt selbstverstärkende negative Kaskaden, zum Beispiel die Pleiten einzelner Banken, das Gesamtsystem destabilisieren. Seit der Finanzkrise 2008 ist klar, dass die traditionellen ökonomischen Modelle diese Krisen weder vorhersagen noch befriedigend erklären und nur schlecht mit den konventionellen Ansätzen das Systemrisiko quantifizieren können. Auch die Anzeichen eines Kollapses wurden nur mäßig erkannt. Die Finanzkrise hat eine ganze Reihe von Forschungsprojekten und wissenschaftlichen Arbeiten ausgelöst, in der Konzepte aus der Ökologie und Netzwerktheorie, Begriffe wie Kipppunkte, Multistabilität und Robustheit gegenüber Störungen in die Wirtschaftswissenschaften eingeführt wurden.[43] In einer Studie, die von der US-amerikanischen Notenbank in Auftrag gegeben wurde, haben Wissenschaftler und Wissenschaftlerinnen das Netzwerk von 5000 einzelnen Banken untersucht. Links des Netzwerks stehen für den Transfer von Geldern zwischen einzelnen Banken. Die Wissenschaftler fanden heraus, dass dieses Netzwerk hoch dissortativ war, was bedeutet, dass Banken mit vielen Verbindungen (hoher Knotengrad) typischerweise mit kleineren Banken (kleiner Knotengrad) verbunden waren und umgekehrt. Ganz ähnliche Netzwerkstrukturen findet man in realen ökologischen Netzwerken, wie zum Beispiel in den symbiotischen Netzwerken, die aus Blütenpflanzen und bestäubenden Insekten gebildet werden. Blütenpflanzen, die mit vielen Insekten zusammenarbeiten, ziehen spezialisierte Insekten vor. Insekten, die bei den Blüten nicht wählerisch sind, bestäuben oft viele Blütenpflanzen, die ausschließlich von eben dieser einen Art bedient werden.[44] Theoretische Analysen zeigen, dass gerade diese Netzwerkstrukturen robust gegenüber Störungen sind, aber eben nur in einem gewissen Bereich. Belastet man die Netzwerke zu stark, erreichen sie einen Kipppunkt und kollabieren irreversibel. Aus dieser Einsicht kann man schließen, dass Finanzmärkte zwar prinzipiell schon eine Struktur besitzen, die das systemische Risiko klein hält, aber dennoch durch graduelle Änderungen, wie zum Beispiel andauerndes Wachstum, immer wieder Kipppunkte erreichen, kollabieren und weltweite Finanzkrisen auslösen wird. Denn gerade hier liegt eben ein fundamentaler Unterschied. Die ökologischen Netzwerke sind nicht wachstums-, sondern dynamisch gleichgewichtsorientiert. Ein nachhaltiges Design gesellschaftlicher Wirtschaftssysteme könnte sich dieser über Hunderte Millionen Jahre erfolgreichen Strukturkonzepte bedienen und uns schwerwiegende Krisen mit hohen Kosten und schwerem wirtschaftlichem und persönlichem Leid ersparen.

KOLLEKTIVES VERHALTEN
Was die Loveparade mit Staren, Heringen und Wanderameisen verbindet

Sie kreisen, mal dicht wie ein poliertes Dach, dann wieder verteilt wie ein himmelumspannendes Netz, wirbelnd, pfeilartig – ein Wahnsinn am Himmel.

Edward Selous (1857–1934)

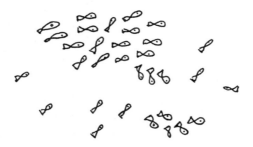

Reist man zwischen Oktober und Februar mit dem Zug nach Rom, stehen die Chancen nicht schlecht, dass man vor dem Hauptbahnhof auf der Piazza dei Cinquecento Zeuge eines wunderschönen und gleichzeitig besonders rätselhaften Naturschauspiels wird. Den Spätherbst und Winter nämlich verbringen viele Millionen Stare aus Nordeuropa in Italien. Tagsüber verteilen sich die großen Schwärme zur Futtersuche auf den Feldern außerhalb Roms. Abends erst kommen sie in die Stadt, um einen Schlafplatz zu finden; die Bäume auf dem Bahnhofsvorplatz suchen sie dafür bevorzugt auf. Kurz vor Sonnenuntergang sammeln sich die Vögel und tanzen zu Zehntausenden am Himmel, die Touristen halten ihre Smartphones in die Höhe und zeichnen das Spektakel auf. In Worten kann man diesen Zauber nur schlecht beschreiben, wenn ein Schwarm plötzlich die

Richtung ändert, hin und her wirbelt, sich teilt, um nur Sekunden später wieder mit hoher Geschwindigkeit und ohne Kollision der Tiere zu verschmelzen. Wie eine turbulente Mischung aus Gas und Flüssigkeit wogen die römischen Starensembles am Himmel. Zücken Sie doch bitte jetzt einmal Ihr Smartphone oder starten Sie den Computer und suchen Sie nach dem »Tanz der Stare in Rom«. Schauen Sie sich ein paar Videos an, bevor Sie weiterlesen!

Beobachtet man Vogelschwärme, kommen einem verschiedene Fragen in den Sinn. Wie ist es möglich, dass ein Kollektiv aus Tausenden Vögeln synchron die Richtung wechselt, wie wissen die Tiere, wann es wohin geht, wie vermeiden sie bei der Geschwindigkeit Zusammenstöße? Wie reagieren sie kollektiv auf äußere Einflüsse, wenn zum Beispiel ein Wanderfalke den Schwarm attackiert, wie können einzelne Vögel entscheiden, welche Manöver sie einleiten sollen, woher kommt die Struktur, die Kohäsion und Flexibilität? Wieso machen die Vögel das überhaupt und zudem jeden Tag? Während die Starschwärme in Rom etwas ganz Besonderes sind, empfinden wir generell Vogelschwärme als etwas Alltägliches. Erst wenn wir uns die Zeit nehmen, dieses Phänomen zu beobachten und darüber nachzudenken, wird es immer erstaunlicher, wie das Ganze funktionieren kann. Jeder Vogel ist permanent in Bewegung, muss in Millisekunden auf die anderen reagieren, keiner der Vögel ist ein Leittier, das Kollektiv trifft die Entscheidungen, findet als Ganzes einen Rastplatz in den Bäumen der Piazza dei Cinquecento.

Die Dynamik von Vogelschwärmen bewegt schon seit Jahrhunderten die Naturforscher und Wissenschaftlerinnen. 1931 hat einer der bekanntesten Ornithologen seiner Zeit, Edmund Selous, ein Buch mit dem Titel ›Thought-transference (or what?) in birds‹ publiziert – Gedankenübertragung (oder was?) bei Vögeln. Hier stellte er die Hypothese auf, dass die Geschwindigkeit und Genauigkeit, mit der sehr große Vogelschwärme zum Beispiel auf Attacken von Raubvögeln kollektiv reagieren, sich nur durch telepathische Mechanismen, also Gedankenübertragung, erklären lassen. Das Kollektiv ist mehr als die Summe seiner Einzelkomponenten, trifft als Einheit

Entscheidungen und funktioniert als Schwarmhirn. Denn wie sonst könnte jedes der Tausende Tiere die passende Entscheidung bei einem Richtungswechsel, einer Geschwindigkeitsänderung fällen? Wieso wird innerhalb des Schwarms ein Signal schneller übertragen, als es die Grenzen der Signalverarbeitung der einzelnen Vögel erlauben?

Edmund Selous war kein Esoteriker, kein Scharlatan, sondern ein renommierter Wissenschaftler, allerdings waren auch unter diesen im viktorianischen Großbritannien Ideen zur Gedankenübertragung, Parapsychologie und Telepathie nicht unpopulär. Diese Mechanismen wurden unter Wissenschaftlern diskutiert, weil es mit den damaligen Mitteln nicht erklärbar war, dass ein Schwarm plötzlich eine starke Richtungsänderung durchführt, ohne einem Anführer zu folgen.

Kollektives Verhalten ist nicht nur den Staren und anderen Schwarmvögeln vorbehalten. Viele Fischspezies sind reine Schwarmtiere, bewegen sich zusammen und synchron, reagieren kollektiv und koordiniert auf Raubfischattacken. Hier sind Heringe absolut rekordverdächtig. Sie formen gigantische Schwärme von bis zu drei Milliarden Individuen, die sich über weite Distanzen als Einheit bewegen, mit einem Schwarmvolumen von einigen Kubikkilometern. Aus evolutionstheoretischer Sicht ist klar, dass sich Vögel und Fische im Kollektiv sicherer bewegen können als isoliert. Sie irritieren ihre Räuber durch schnelle Richtungswechsel und erratisches Durcheinander. Die Stare über Rom werden zum Beispiel regelmäßig von Wanderfalken attackiert, die versuchen, sich einzelne Beutetiere aus dem Schwarm herauszupicken. Einem Wanderfalken kann ein Star isoliert praktisch nicht entkommen, denn mit mehr als 300 km/h ist dieser Raubvogel das schnellste Tier des Planeten. Trifft der Wanderfalke auf einen Schwarm, ist es für ihn nicht einfach, ein einzelnes Beutetier in dem Durcheinander zu fixieren und zu jagen. Außerdem reagiert der gesamte Schwarm auf seine Attacken, die Information über die Bedrohung breitet sich extrem schnell aus. Genauso verhält es sich bei Schwarmfischen. Ein Schwarm bringt Sicherheit.

KOLLEKTIVES VERHALTEN

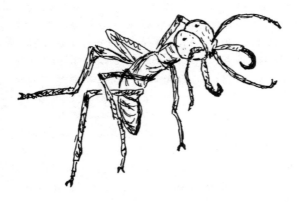

Eciton burchelli

Wanderameisen

Besonders faszinierend ist kollektives Verhalten bei staatenbildenden Insekten wie Ameisen, Bienen und Termiten. Jeder kennt die Nesthügel der roten Waldameise, die aus der Distanz betrachtet ruhig daliegen, aber bei genauer Ansicht ein geschäftiges Treiben von Arbeiterinnen zeigen, die sich um Nestbau, -ausbesserung und Nahrungsbeschaffung kümmern, wobei man das komplexe Miteinander im Innern des Nesthügels gar nicht zu Gesicht bekommt. Die kollektive Leistung dieser Tiere ist bemerkenswert, wenn man berücksichtigt, dass jede einzelne Ameise vergleichsweise wenig Gehirn hat. In den Regenwäldern Südamerikas lebt eine besonders interessante Wanderameisenart mit dem Namen *Eciton burchelli*, die ein erstaunlich komplexes kollektives Verhalten zeigt. Anders als unsere Waldameisen leben die räuberischen Wanderameisen nomadisch und haben einen zeitlich eng getakteten Tagesablauf. Sie sind immer in Eile. Ein *E.-burchelli*-Staat besteht typischerweise aus 400 000 Einzeltieren. Morgens schwärmen Scharen von etwa 200 000 Soldatinnen zu ihren Raubzügen aus. Im Englischen heißen diese Ameisen deshalb auch »army ants«. Sie bilden bis zu 100 Meter lange und bis zu 20 Meter breite Formationen und jagen blitzschnell andere

Insekten und kleine Säuger. Die *E.-burchelli*-Soldatinnen ähneln kleinen Spinnen, haben für Ameisen ungewöhnlich lange Beine und können bis zu 15 Zentimeter pro Sekunde zurücklegen. Die Überfälle kommen für die Beutetiere so plötzlich und sind dadurch so erfolgreich, dass sich bestimmte Vogelarten darauf spezialisiert haben, die Wanderameisen ständig zu begleiten und ihnen die aufgeschreckten Beuteinsekten abzujagen.

Die Nester der *E. burchelli* nennen sich Biwaks und bestehen aus: Ameisen! Da die Wanderameisen ihre Zelte schnell abbrechen und weiterziehen, um täglich neue Gebiete zu überfallen, hat sich die Evolution eine ganz besonders effiziente Lösung ausgedacht. Viele Hunderttausend Wanderameisen verbeißen und verkrallen sich ineinander, um ein flexibles Nest für Königin und Brut zu schaffen. Nachts wird das Nest aufgelöst und der Staat wandert an einen anderen Ort, um sich für den Überfall des nächsten Tages vorzubereiten. Dieser Prozess muss sehr effizient ablaufen, denn die Beutezüge sind auf Geschwindigkeit optimiert. Die Wanderameisen sind blind und orientieren sich über Pheromone, Geruchsstoffe, die den Weg markieren. Täglich bringen die Räuberinnen bis zu 30 000 Beutestücke über ihre Hauptstraßen zurück ins Nest. Hierbei muss ein logistisches Problem gelöst werden. Da Ameisen in beide Richtungen unterwegs sind, gilt es, in dem schnellen Transportprozess Kollisionen zu vermeiden. Deshalb bilden sich automatisch parallele, entgegengesetzt verlaufende Richtungsspuren. So wie auf der Autobahn sind die Ameisen nur in einer Richtung unterwegs. Bei den *E. burchelli* bilden sich automatisch drei Spuren, die äußeren beiden führen vom Nest weg, die mittlere zurück zum Nest.

Wie regeln die Ameisen das? Interessanterweise kennt man ein ähnliches Phänomen der Spurenbildung bei Fußgängerströmen. Auf stark frequentierten Fußwegen in Innenstädten oder in engen U-Bahn-Tunneln bilden sich typischerweise solche parallel, aber entgegengesetzt verlaufende Spuren. Oft sind es zwei, häufig auch mehrere, nicht immer herrscht Rechtsverkehr, und manchmal teilen sich Spuren oder wechseln die Seite. Und wie bei den Ameisen bilden die Spuren sich von allein. Sind also die zugrundeliegenden Mechanismen ähnliche? Das ist keine rein akademische Frage. Wie wichtig das Verständnis des kollektiven Bewegungsverhaltens bei uns Menschen ist, erklärt das nächste Beispiel.

Die Loveparade

Am 24. Juli 2010 fand in Duisburg die 19. Loveparade statt, ein Techno-Event, das 1989 initiiert und zunächst jedes Jahr in Berlin veranstaltet wurde. Im ersten Jahr trafen sich rund 1000 Technofans, einige Jahre später war die Loveparade ein internationales Großereignis mit mehr als einer Million Besucherinnen und Besuchern. Charakteristisch waren Paradewagen, die ähnlich wie beim Karneval an den feiernden Menschen vorbeizogen. Logistikspezialisten lenkten die Besucherströme über Zugangswege an die Wagenkonvois. Die Menschen bewegten sich langsam in hoher Dichte von oft fünf bis sechs Personen pro Quadratmeter fort. In Duisburg kam es in diesem Gedränge dann zu einer Katastrophe, bei der 21 Menschen starben und über 500 verletzt wurden.

Was war passiert? Der von den Organisatoren festgelegte Weg führte die Menschen durch einen Tunnel auf eine Rampe, an deren Ende der Wagenkonvoi die vordersten Besucher »mitziehen« sollte, um so Platz für die nächsten zu schaffen. Zum Zeitpunkt des Unglücks waren 350 000 Leute auf dem Gelände. In dieser Prozession nun kam es zu Staus und in der Folge zu sehr starken Verdichtungen der Massen und zu einem dynamischen Phänomen, das sich »Crowd Turbulence«, also Gedrängeturbulenz, nennt. Dabei verhält sich eine sehr dichte Menschenansammlung wie eine elastische, zähe Flüssigkeit, durch die sich extrem starke Kaskaden von Druckschwankungen ausbreiten und gegenseitig aufschaukeln können. Die Druckimpulse werden so stark, dass Menschen zerquetscht werden, ersticken, ihre Kleidung wird durch Reibung zerrissen, und einzelne Personen können aus der Masse herausgeschleudert werden. Obwohl es für die Einzelnen im Gedränge nicht vorangeht, »fließt« die Masse mit teils sehr hoher Geschwindigkeit. Anders als zunächst diskutiert, hat sich später erwiesen, dass der Unfall nicht durch Panik ausgelöst wurde, sondern eine dynamische Konsequenz der spontan entstandenen Crowd Turbulence war, allein durch die Überschreitung einer kritischen Dichte von Menschen verursacht. Erst als die Crowd Turbulence einsetzte, brach Panik unter den Besuchern aus und verstärkte den Effekt.

Ereignisse dieser Art sind nicht selten. Ähnliche Unfälle ereignen sich regelmäßig beim jährlichen Hadsch in Saudi-Arabien. Bei dieser für Muslime wichtigen Wallfahrt pilgern jedes Jahr mehr als zwei Millionen Menschen nach Mekka, für die Behörden und Organisatoren eine enorme logistische Herausforderung. Im nahe gelegenen Mina werden die Pilgerströme über die Dschamarat-Brücke geführt, wo die symbolische Teufelssteinigung vollzogen wird. Immer wieder ereignen sich an dieser Brücke Unfälle mit vielen Toten. 2006 kamen an der Brücke 364 Menschen ums Leben. Ähnlich wie bei der Loveparade löste eine spontan einsetzende Crowd-Turbulence das Unglück aus. Wieso aber konnten diese Tragödien nicht verhindert werden, wenn man doch das Phänomen genau beschreiben kann? Das Problem war, dass man noch nicht genau verstanden hatte, unter welchen Bedingungen, also ab welcher Personendichte oder durch welche äußeren Faktoren, die Crowd Turbulence einsetzt und wie man sie unterbinden kann. Es fehlte das Wissen über die zugrundeliegenden Mechanismen solcher Massenbewegungen. Dazu gleich mehr.

Schwarmverhalten

Was aber haben Vogel- und Fischschwärme, im Kollektiv agierende Wanderameisen, das Loveparade-Unglück und die Unfälle in Mina gemein? Sind Paniksituationen und die Bewegung von Menschen im Gedränge nicht eindeutig ein verhaltenspsychologisches Phänomen, was aus menschlichen Entscheidungen folgt, während Schwarmverhalten bei Vögeln instinktgesteuert ist? Wie Sie gleich sehen werden, sind nicht nur diese Phänomene auf fundamentale Weise verknüpft und gehorchen nahezu denselben Gesetzmäßigkeiten. Selbst noch viel komplexere Vorgänge, kollektive Entscheidungsprozesse, Meinungsbildung in sozialen Netzwerken und sogar gesellschaftliche Polarisierung und die Emergenz (die Entstehung) von Extremismus beruhen oft auf ganz ähnlichen Gesetzmäßigkeiten und Regeln.

Schwarmverhalten wissenschaftlich zu untersuchen, ist nicht so einfach. Eines der ersten Modelle dazu hat 1995 der ungarische Physiker Tamás Vicsek zusammen mit Kollegen vorgestellt.[45] Das idealisierte und sehr einfache Vicsek-Modell reduziert Schwarmverhalten auf einige wesentliche Komponenten. Viele einzelne Schwarmteilchen bewegen sich mit konstanter Geschwindigkeit frei in ihrer Umwelt. Jedes Teilchen hat eine Bewegungsrichtung, die Zufallseinflüssen ausgesetzt ist, sich also zufällig ändert. Die Bewegung eines einzelnen Schwarmteilchens sieht deshalb erratisch aus.

Das Vicsek-Modell. Alle Schwarmteilchen bewegen sich mit der gleichen Geschwindigkeit in verschiedene Richtungen. Jedes Individuum versucht sich der mittleren Richtung (schwarzer Pfeil) der nächsten Nachbarn in einem kleinen Radius anzupassen und neu auszurichten (links). Initialisiert man das Modell zufällig (Mitte), bildet sich schnell von selbst ein Schwarm (rechts).

Jetzt kommt die wesentliche Zutat: Jedes Teilchen wird von anderen Teilchen in seiner nächsten Umgebung beeinflusst. Das Teilchen »schaut« innerhalb eines kleinen Radius, welche Richtungen die anderen Teilchen haben, und versucht, die eigene Richtung dem Mittelwert der Richtung der anderen Teilchen anzupassen. Weil aber alle Teilchen gleichzeitig diesen Regeln folgen und sie zufälligen Richtungsänderungen ausgesetzt sind, stellt sich die Frage, ob sich eine Konsensrichtung von selbst herausbildet. Computersimulationen zeigen, dass dem so ist: Unter bestimmten Bedingungen, wenn zum Beispiel die Dichte der Teilchen groß genug ist, bildet sich nach kurzer Zeit ein Schwarm, der eine kollektive Richtung hat, die sich nur langsam ändert. Genau wie bei den Synchronisationsphänomenen und den kritischen Phänomenen aus den letzten Kapiteln beobachtet man auch hier keinen graduellen Übergang von einem chaotischen Durcheinander zu kollektivem Schwarmverhalten, sondern eine abrupte Änderung des kollektiven Verhaltens, wenn ein kritischer Punkt überschritten wird. Entweder alle Teilchen zeigen Schwarmverhalten oder keines. Es gibt keine Zwischenlösung, in der einige Teilchen sich kollektiv verhalten und einige nicht. Obwohl das Modell unrealistisch ist – die Schwarmteilchen kollidieren nicht, haben alle dieselbe Geschwindigkeit und bewegen sich in der Ebene –, brachte es dennoch einen Durchbruch, weil es zeigen konnte, dass kollektives Verhalten möglich ist, wenn einzelne Individuen nur mit einigen wenigen anderen in ihrem unmittelbaren Umfeld wechselwirken. Es ist nicht notwendig, auf alle Beteiligten zu reagieren.

Einige Jahre später haben die Biologen Iain Couzin und Jens Krause ein verwandtes, etwas realistischeres Modell vorgestellt.[46] Hier gehorchen die Schwarmteilchen noch zwei weiteren Regeln: Teilchen vermeiden Kollision, indem sie sich gegenseitig ausweichen, wenn sie sich zu nahe kommen, und werden andererseits, wie bei der Schwerkraft, voneinander angezogen. Auch dieses Modell konnte die spontane Entstehung von kollektivem Verhalten reproduzieren. Aber es konnte noch mehr. Die Wissenschaftler beobachteten im Modell drei charakteristische Schwarmzustände: 1. Den sogenannten laminaren Zustand, bei dem nahezu alle Individuen kollektiv in eine Richtung schwimmen bzw. fliegen. 2. Den Wirbel- oder Mühlenzustand, bei dem sich die schwärmenden Teilchen in einem Kreiswirbel bewegen. 3. Den chaotischen Schwarm, der an einen Mückenschwarm erinnert: Die Teilchen bewegen sich zwar zufällig, bleiben aber zusammen. Obwohl auch das Couzin-Krause-Modell stark abstrahiert und vereinfacht ist, sagt es genau die drei möglichen Schwarmzustände voraus, die in realen Vogel- und Fischschwärmen auch tatsächlich vorkommen. Bisher wurden in realen Schwärmen noch keine anderen stabilen Formationen beobachtet.

Fischschwärme schalten auch oft und ohne erkennbaren Grund zwischen Wirbel- und Laminarzustand hin und her, und Schwarmforscherinnen und -forscher haben sich gefragt, wieso und wodurch dieses Umschalten ausgelöst wird. Erst das Computermodell konnte zeigen, dass das Umschalten zufällig und spontan geschieht, nur durch das kollektive Wirken der einfachen Bewegungsregeln. Es ist also zwangsläufig und eine emergente Eigenschaft des kollektiven Verhaltens. Kein zusätzlicher Umschaltmechanismus ist notwendig. Indem die Wissenschaftler einen individuellen Fluchtmechanismus einbauten, konnten sie außerdem zeigen, wie das Kollektiv auf die Gegenwart und mögliche Attacken von Fressfeinden reagiert. Dieser zusätzliche Mechanismus war ganz einfach. Nähert sich ein Räu-

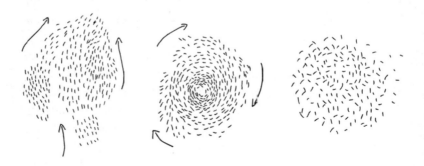

Drei Schwarmzustände beobachtet man in der Natur und im Modell.

ber, versuchen die Schwarmmitglieder ihre Richtung zu ändern und wegzuschwimmen. Die Richtungsänderung bemerken die anderen Fische in der Nähe und folgen der Bewegung ganz automatisch. Die Muster, die sich bei der Attacke eines Räubers bildeten, ähnelten denen realer Vogel- und Fischschwärme frappierend. Diese Modelle und viele verfeinerte Varianten lieferten die wesentliche Erkenntnis, dass lokale Einflüsse auf Einzeltiere, nämlich die wenigen anderen in unmittelbarer Umgebung, populationsweites kollektives Verhalten bedingen. Das Kollektiv reagiert als Ganzes schnell und richtig auf äußere Einflüsse, ohne dass ein Leittier die Reaktion dirigiert oder alle wissen, was alle anderen machen.

Iain Couzin aber reichte das nicht aus. Er wollte die Annahmen der Modelle in der Natur nachweisen. Dazu startete er um die Jahrtausendwende eine Reihe von Experimenten mit Goldbrassen, die unser Verständnis von kollektivem Verhalten bei Tier und Mensch revolutionieren und ihn berühmt machen sollten.[47] Die Jungfische der Art *Notemigonus crysoleucas* sind vier bis fünf Zentimeter groß und bewegen sich unter natürlichen Umständen dicht unterhalb der Wasseroberfläche im Schwarm. Couzin verwendete für seine Experimente ein einige Zentimeter tiefes, zwei Mal ein Meter großes Aquarium und filmte die Bewegung von 150 Fischen von oben. Um genau zu vermessen, welche Mitglieder untereinander Informationen austauschten, entwickelten die Wissenschaftler um Couzin eine spezielle Software, die mit extrem hoher Genauigkeit die Positionen, Orientierung und Bewegung aller Fische erfasste. Wurden die Goldbrassen verschreckt, breitete sich eine Kaskade von Fluchtbewegungen im Schwarm aus, und das Computerprogramm konnte genau feststellen, welcher Fisch auf welchen reagierte. So konnte nachgewiesen werden, dass die einzelnen Goldbrassen nur auf Signale einiger weniger Nachbarn in ihrer unmittelbaren Umgebung reagierten und sich dennoch Informationen durch den ganzen Schwarm rapide ausbreiteten.

In einem ganz ähnlichen Experiment haben italienische Wissenschaftlerinnen und Wissenschaftler um Andrea Cavagna die Bewegung der Stare in Rom analysiert.[48] Das Team installierte auf dem Dach des Nationalmuseums einige Kameras. Über zwei Jahre filmten sie etliche Starschwärme aus verschiedenen Richtungen. Mit Hilfe eines speziell entwickelten Algorithmus konnten sie die Positionen und Geschwindigkeiten jedes einzelnen Vogels rekonstruieren. Ihre sehr genauen Analysen haben gezeigt, dass die Stare nur auf eine kleine Gruppe anderer Stare in ihrer unmittelbaren Umgebung reagieren, deren Abstände aber »elastisch« sind. Jedes Tier hat ein eigenes und recht stabiles Informationsnetzwerk aus Nachbarn und reagiert nur auf deren Richtungsänderungen. Wie die Goldbrassen verarbeiten auch Stare nur lokale Informationen. Beide Experimente bestätigten so die einfachen, fundamentalen Regeln, auf denen die theoretischen Modelle beruhen.

Menschenmassen

Wie aber verhalten sich Menschen im »Schwarm«? Das wollte der Verhaltensbiologe Jens Krause wissen und experimentierte zusammen mit seinen Kollegen mit Menschenschwärmen.

Die Wissenschaftler wollten herausfinden, ob auch Menschen bei Vorgabe bestimmter Regeln ähnliche Schwarmzustände zeigen. 200 Freiwillige wurden in einer großen Halle wahllos in einem Kreis von 30 Metern Durchmesser postiert und mussten sich zufällig ausrichten. Die Probanden wurden aufgefordert, nach dem »Go«-Signal folgende Regeln zu befolgen: 1. Sie sollten sich mit normaler Gehgeschwindigkeit bewegen und 2. sich nicht zu weit von den anderen entfernen. Dass sie ihre Gehrichtung an anderen orientieren und Kollisionen vermeiden sollten, wurde ihnen nicht gesagt. Dennoch stellte sich nach dem Startschuss und einem anfänglichen Durcheinander nach etwa 30 Sekunden ein kollektives Gehmuster ein, typischerweise eine Wirbelformation, in der alle Beteiligten in einem Kreisstrom liefen. Manchmal bildeten sich auch zwei konzentrische Wirbel, auf der inneren Bahn liefen die Menschen in die eine, auf der

Was die Loveparade mit Staren, Heringen und Wanderameisen verbindet

Lässt man Personen schwärmen, stellen sich schnell konzentrische, manchmal gegenläufige Wirbelbewegungen ein.

äußeren in die andere Richtung. Die Parallelen zu den Fisch- und Vogelschwärmen waren klar sichtbar. Auch ohne explizite Aufforderung befolgten die Menschen die Orientierungsregel, die – wie wir aus den Modellen wissen – für die Wirbelformation notwendig ist.

Der Physiker Dirk Helbing entwickelte etwa zur gleichen Zeit ein weiteres mathematisch-physikalisches Modell, speziell auf Menschen zugeschnitten.[49] Helbing gehörte zu den ersten Wissenschaftlern, die die Dynamik von Fußgängern mit Hilfe physikalischer Denkweisen und mathematischer Gesetzmäßigkeiten zu beschreiben und erklären versuchten. Helbings Ausgangspunkt war die klassische Dynamik eines idealen Gases und physikalischer Masseteilchen, die durch die Kräfte, die zwischen ihnen wirken, ihre Geschwindigkeit und Richtung ändern. Strukturell ähnelt das Helbing-Modell den Newton'schen Bewegungsgleichungen der klassischen Mechanik. In einem Gas bewegen sich die Moleküle frei und kollidieren miteinander wie Billardkugeln auf dem Billardtisch. Natürlich würden Menschen auch kollidieren, wenn sie nicht aufeinander reagierten, und manchmal passiert das ja auch. Helbing erweiterte diese physikalischen Kräfte um sogenannte »soziale Kräfte«. Da Fußgänger typischerweise mit einem Ziel unterwegs sind, folgt ihre Bewegung einer bevorzugten Richtung. Im Modell übt das Ziel einer Person eine Art Anziehungskraft aus. Kommt eine Person einem Hindernis oder einer anderen Person zu nahe, wirkt eine zweite soziale Kraft. Diese Kraft wirkt abstoßend, wie zwei gleiche Pole eines Magneten, und sorgt für eine leichte Richtungsänderung, die Person weicht dem Hindernis aus. Gibt es keine Ausweichmöglichkeit, können Personen auch kollidieren, sie schieben oder drängeln, wobei wie bei physikalischen Prozessen auch Reibung entsteht.

In Computersimulationen konnte Helbing verschiedene Szenarien untersuchen. Ein einfaches Beispiel ist ein Fußweg, auf dem Fußgänger in beide Richtungen unterwegs sind. Bei geringer Fußgängerdichte bilden sich keine Strukturen, die einzelnen Personen müssen sich selten ausweichen und bewegen sich halbwegs geradlinig auf ihr Ziel zu. Erst wenn eine bestimmte Fußgängerdichte überschritten wird, entstehen automatisch Richtungsspuren, ähnlich wie bei den Ameisen. Je nach Breite des Fußwegs bilden sich mal zwei, mal drei und manchmal mehrere Spuren. Später wurden in Experimenten die Vorhersagen der Modelle verifiziert. Dabei wurden Probanden aufgefordert, einen Tunnel entweder in die eine oder die andere Richtung zu durchlaufen. Die Fußgängerdichte wurde dann variiert. Und genau wie in Helbings Modell bildeten sich erst ab einer bestimmten Dichte die geordneten Bewegungsströme in beide Richtungen, und zwar, ohne dass irgendjemand ein Signal dazu gegeben hätte.

Helbings Social-Force-Modell ist so universell, dass es auch auf Situationen mit hohem Gedränge wie bei der Loveparade oder den Pilgerströmen in Mekka anwendbar ist.[50] Lässt man im Modell alle Fußgänger in eine Richtung laufen und erhöht die Fußgängerdichte, bleibt die Geschwindigkeit der Masse zunächst konstant. Wird aber eine kritische Dichte erreicht, fällt die Gesamtgeschwindigkeit abrupt und sehr stark. Es gibt keine stetige Verlangsamung, keinen »stockenden Verkehr«, sondern sofort Stau.

Die Staus entstehen vor allem, wenn die Laufwege sogenannte Bottlenecks haben, also Engpässe, an denen die Wege sich kurz verjüngen und somit die Dichte steigt. Damit aber nicht genug: Das Modell sagte voraus, dass bei wachsender Dichte des Gedränges ein Fußgängerstrom genau drei Phasen, und nur diese drei Phasen, durchläuft: 1. Eine laminare Phase, in der die Menschen mit geringer konstanter Geschwindigkeit vorwärtskommen. 2. Eine typische Stop-and-go-Phase, in der sich Staus bilden, die sich entgegen der Laufrichtung nach hinten ausbreiten. Die Fortbewegungsgeschwindigkeit fällt deutlich. Diese Phasen kennt man aus dem Autoverkehr zu Stoßzeiten in den Großstädten oder von Autobahnen, wenn die Schulferien anfangen. Bei Fußgängern gibt es aber noch eine dritte Stufe: die Crowd-Turbulence. Also genau das Phänomen, das zu den Katastrophen bei der Loveparade und immer wieder beim Hadsch führte. Wie schon erwähnt, verhält sich die Menschenmasse plötzlich wie eine chaotische Flüssigkeit, und durch extrem starke Druckschwankungen werden Teile der Masse mit vergleichsweise hoher Geschwindigkeit hin und her bewegt. Das Modell war also in der Lage, durch einfache Bewegungsregeln, denen individuelle Fußgänger folgen, gänzlich verschiedene Szenarien von Fußgängerströmen korrekt zu beschreiben und zu reproduzieren.

Noch wichtiger ist allerdings, dass das Modell Informationen liefern konnte, wie man schon vor dem Einsetzen der gefährlichen Crowd Turbulence erkennen kann, dass die Lage kritisch wird. Genau wie bei den kritischen Phänomenen kündigen statistisch messbare Schwankungen in der Bewegung und in der Fußgängerdichte

KOLLEKTIVES VERHALTEN

einen bevorstehenden kritischen Punkt an. Das Modell liefert also ein Frühwarnsystem für solche Situationen. Außerdem konnten mit seiner Hilfe Leitsysteme entwickelt werden, die der Entstehung der Crowd Turbulence vorbeugen. Hierbei werden automatisch diese statistischen Schwankungen in einer sich bewegenden Menschenmasse gemessen. Ein Algorithmus, der Videoaufnahmen in Realzeit analysiert, entdeckt die Anzeichen einer Crowd Turbulence Minuten vor dem Einsetzen dieses Zustands, und die Menschen können gewarnt werden. So konnte man nach dem Hadsch-Unglück 2006 in Mina entsprechende Verbesserungen an den Pilgerleitsystemen vornehmen.

Im Menschengedränge wirken oft Maßnahmen, die zunächst nicht plausibel erscheinen, wie ein anderes Anwendungsbeispiel zeigt. Bei der schnellen Evakuierung von großen Räumen strömen viele Menschen gleichzeitig zu den Notausgängen. Hier verdichtet sich die Masse, es kommt zu Staus. Helbings Modell konnte zeigen, dass die Evakuierung aus zwei nebeneinanderliegenden kleinen Ausgängen viel schneller abläuft als aus einem großen Ausgang, der mehr als doppelt so breit ist.[51] Noch erstaunlicher ist die Tatsache, dass die Evakuierungsgeschwindigkeit eines Saals zunimmt, wenn man einen Meter vor dem Notausgang ein Hindernis aufstellt. Aber genau das sagte das Modell voraus: Platziert man eine Säule oder

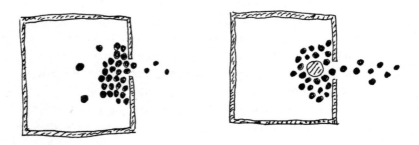

Evakuierungspanik. Ein Raum kann schneller evakuiert werden, wenn vor dem Notausgang ein Hindernis steht.

eine schmale Wand vor einem Notausgang, ordnen sich die Menschen automatisch in zwei Ströme und verlassen nach dem Reißverschlussprinzip die Halle, es kommt viel seltener zu Staus oder Crowd Turbulence. Auch diese Vorhersage wurde experimentell in künstlichen Evakuierungsexperimenten bestätigt und wird mittlerweile in der Praxis, zum Beispiel in Konzertsälen, umgesetzt.

Kollektive Intelligenz

Die kollektive Bewegung der Ameisen, Fische, Vögel und Fußgänger ist trotz ihrer Komplexität natürlich nur ein Teilaspekt des kollektiven Verhaltens. Besonders interessant wird die Sache, wenn im Kollektiv Entscheidungen getroffen werden, wenn der Schwarm intelligenter (oder dümmer) wird, als seine Individuen es sind. Bei Tieren fällt es uns leicht, in diese Richtung zu überlegen. Denken wir aber an uns selbst, ist es vielleicht etwas schwieriger, zu akzeptieren, dass wir als Gruppe cleverer sind als jedes einzelne Mitglied. Aber für die kollektive Intelligenz (oder Dummheit) bei Menschen gibt es sehr viele Beispiele.

Wenden wir uns vorher aber noch mal den Wanderameisen zu. Allein wie die *E.-burchelli*-Staaten aus sich selbst ihre Nester bauen, ist ein sehr erstaunliches koordiniertes Verhalten. Sie können aber noch viel mehr im Kollektiv. Wenn Soldatinnen in Scharen ihre Umgebung überfallen, müssen sie ihre Straßen über den unebenen, laubbedeckten Urwaldboden legen. Das ist nicht immer einfach. Treffen die Ameisen auf Aushöhlungen im Boden, füllen sie diese einfach mit sich selbst auf, um den anderen den Weg zu ebnen. Die Ameisen bauen auch Brücken aus sich selbst, was Iain Couzin im Labor genauer untersucht hat.[52] Das Ergebnis: Die Brücken haben höchste Stabilität bei gleichzeitig möglichst geringer Ameisenbeteiligung, weil die »Brückentiere« dann ja bei der Jagd fehlen. Die Ameisen lösen also im Kollektiv ein mathematisches Optimierungsproblem, ein klares Zeichen von kollektiver Intelligenz.

KOLLEKTIVES VERHALTEN

Ähnlich intelligent verhält sich die berüchtigte, ursprünglich aus Südamerika stammende Rote Feuerameise *Solenopsis invicta*, die im Süden der USA zum ökologischen Problem geworden ist. Die aggressive Ameisenart attackiert immer häufiger auch Menschen, und sie ist sogar in der Lage, Überschwemmungen zu überleben. Wenn bei Starkregen Wassertropfen auf den Boden fallen, erkennen die Ameisen das akustische Signal und versammeln sich. Die Arbeiterinnen eines Staates verkeilen sich zu lebenden Flößen, die auf der Wasseroberfläche schwimmen und im Inneren die Königin und ihre Brut vor dem Ertrinken schützen. Ein paar männliche Ameisen werden auch mitgenommen, der Rest geht unter. Wie treffen einzelne Ameisen ihre Entscheidung beim Floß- oder Brückenbau, welche Reize führen zu welchen Lösungen, und wieso machen nicht alle dasselbe? Wie weiß eine Wanderameise, ob sie beim Bau der Brücke mithelfen sollte oder besser auf Beutezug geht?

Entscheidungsprozesse im Kollektiv

Bei staatenbildenden Insekten muss man davon ausgehen, dass es bestimmte Reizregeln gibt, die diese komplexen Verhaltensmuster generieren. Wie aber verhält es sich bei uns Menschen? Wie treffen wir Entscheidungen? Was ist mit dem freien Willen? Sind Entscheidungen nicht alle durch psychologische und individuelle Faktoren bestimmt, selbst im Kollektiv? Entscheiden wir im Kollektiv nicht allein durch verbale und nonverbale Kommunikation, Überzeugungsarbeit und Kompromissbildung? Sind wir im Kollektiv nicht deshalb intelligenter, weil wir schon als Individuen viel Intelligenz mitbringen? Interessanterweise zeigte sich, dass wir uns in mancher Hinsicht nicht sonderlich von Fischen und Ameisen unterscheiden, wenn es um Konsens als Basis kollektiven Handelns und von Mehrheitsentscheidungen geht.

Um Entscheidungsprozesse zunächst bei Tieren besser zu verstehen, führte Iain Couzin ganz spezielle Experimente mit seinen

Goldbrassen durch.[53] Die kleinen Tiere sind in der Lage zu lernen. Sie können auch gut Farben erkennen und unterscheiden. Couzin trainierte eine Gruppe von Goldbrassen, dass an einem gelb markierten Ort im Aquarium Futter zu finden ist. Eine andere Gruppe trainierte er auf die Farbe Blau. Er platzierte diese Futterstellen an einer Schmalseite des Aquariums in einem variablen Abstand.

Gegenüber stellte er einen Schwarm von Fischen mit unterschiedlichen Farbpräferenzen zusammen, die »Gelben« und die »Blauen«. Eine Gruppe setzte sich zum Beispiel aus fünf Blauen und fünf Gelben oder anderen Kombinationen zusammen. Machten sich die Fische auf die Suche, wirkten auf jedes Tier zwei Kräfte: Zum einen zog es jedes Individuum zu der präferierten Futterstelle, zum anderen wollten die Tiere den Schwarm nicht verlassen. Solche Konflikte kennen wir natürlich auch in Menschengruppen. Anfangs bewegte sich der Schwarm kohärent in Richtung Futterstellen. Dann aber musste eine Entscheidung getroffen werden. Selten hat sich der Schwarm aufgeteilt, das Bedürfnis, im Schwarm zu bleiben, war zu groß. Waren die Kräfteverhältnisse von Blauen und Gelben ausge-

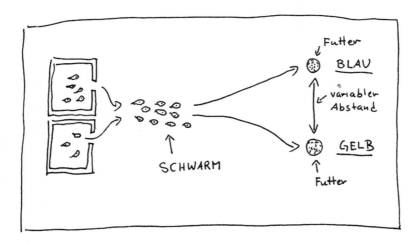

Goldbrassen-Demokratieexperiment

glichen (jeweils fünf Fische mit Blau- bzw. Gelbpräferenz), bewegte sich der Schwarm als Einheit entweder in die eine oder die andere Richtung. Interessanterweise sorgte selbst in großen Gruppen schon ein Kräfteunterschied von eins dafür, dass nahezu immer die Mehrheitsentscheidung getroffen wurde. Waren also sechs Blaue und fünf Gelbe im Schwarm unterwegs, fiel die Wahl auf Blau, obwohl Fische natürlich nicht zählen können.

In einem ähnlichen Experiment wurden Goldbrassen mit einer Farbpräferenz mit vielen anderen untrainierten, also »unwissenden« Individuen auf die Suche geschickt. Natürlich haben hier die »wissenden« Anführer den Schwarm zur Futterquelle geführt. Aufschlussreich ist allerdings folgendes Ergebnis: Bei größeren Schwärmen sind prozentual weniger Anführer notwendig, um den Schwarm in die richtige Richtung zu leiten. Das bedeutet: Je größer die Gruppe, desto größer ist der Wirkungsradius einzelner Anführer. All diese experimentellen Ergebnisse konnten genauso auch in dem mathematischen Schwarmmodell reproduziert werden. Das Modell sagte exakt das beobachtete Verhalten vorher, obwohl hier letztendlich nur verschiedene Kräfte miteinander konkurrierten: die Kohäsionskräfte des Schwarms und die Präferenz der Individuen für verschiedene Richtungen.

Wie Konsens entstehen kann

Mit Hilfe des Modells konnten auch Fragen beantwortet werden, die im Experiment nicht so einfach zu überprüfen sind. Was passiert, wenn einige dominante Individuen mit sehr starken Meinungen auf eine moderate Mehrheit mit anderer Meinung trifft? Das kann man mit den Goldbrassen experimentell nicht wirklich herausfinden, weil man sie nicht in moderate oder dominante Individuen einteilen kann. Im Modell kann man diese Faktoren allerdings berücksichtigen. Bei uns Menschen geschieht es ja nicht selten, dass ein paar laute Personen eine Mehrheit Andersdenkender dominieren und ihren Willen durchsetzen. Bringt man im Schwarmmodell wenige dominante Blaue mit vielen moderaten Gelben zusammen, ist in der Tat zu beobachten, dass die Blauen ihre Minderheitsmeinung durchsetzen können. Der Schwarm trifft also keine Mehrheitsentscheidung, wenn die Mehrheit moderat ist.

Aber wie ändert sich die Situation, wenn viele neutrale Individuen hinzukommen? Politisch und soziologisch wird oft die Meinung vertreten, dass neutrale Massen lauten Demagogen den Weg ebnen, dass also die Neutralität vieler die Wirkung der lauten Minderheit verstärkt. Im Computermodell zeigt sich interessanterweise genau das Gegenteil: Erweitert man eine dominante Minderheit und eine moderate Mehrheit um eine Gruppe von neutralen Individuen, mindert das den Einfluss der dominanten Minderheit und erleichtert die Mehrheitsentscheidung. Je größer die Gruppe der neutralen Individuen, desto effektiver findet der Schwarm zur Mehrheitsentscheidung.

Der Nachweis wurde in dem schon erwähnten Fußgängerschwarmexperiment von Jens Krause und seinen Kollegen erbracht, das folgendermaßen erweitert wurde: Vor dem Startschuss wurde allen Probanden ein Zettel mit zusätzlichen Instruktionen ausgehändigt. Die Mehrheit bekam einen leeren Zettel, musste also weiterhin nur die Grundregeln befolgen: ganz normal gehen, die Gruppe möglichst nicht verlassen. Einige wenige hatten aber die zusätzliche Aufgabe, eine bestimmte Tafel am Rand der Halle anzusteuern, natürlich ohne anderen ihr Ziel zu verraten. Nach dem Startschuss und der anfänglichen Ausbildung des bekannten Schwarmmusters bewegte sich die gesamte Menge nach und nach in die Richtung der Zieltafel, ohne zu wissen, wer dafür verantwortlich war. Das Kollektiv wurde von der »informierten Minderheit« in die entsprechende Richtung gezogen. Und auch hier hat sich gezeigt, dass nur sehr wenige Informierte notwendig sind, um die Menge zu leiten.

Daneben gab es auch Experimente mit zwei Gruppen von Informierten, die entgegengesetzte Ziele hatten. Hier hat sich immer die

KOLLEKTIVES VERHALTEN

Mehrheit durchgesetzt, allerdings bildeten sich manchmal auch lang gestreckte Menschentrauben, die die unterschiedlichen Zieltafeln verbanden. Offenbar neigen auch Menschen dazu, völlig unbewusst durch kollektives Verhalten die besseren Entscheidungen zu treffen.

Natürlich rennen Menschen in der Realität selten durch Turn- oder Messehallen, um eine Gruppe in eine Ecke zu ziehen. Es stellt sich also die Frage, ob diese Beobachtungen und Theorien überhaupt relevant sind für natürliche Situationen. Dennoch sind diese Erkenntnisse wichtig. Sie zeigen, dass wir Konsensentscheidungen fällen können, ohne direkt oder explizit Informationen auszutauschen.

Jens Krause hat in einer ganz anderen Studie zusammen mit Kollegen untersucht, ob, und wenn ja, unter welchen Bedingungen, ein Kollektiv von Experten und Expertinnen in realen Situationen zu einer besseren Entscheidung kommt.[54] Hierzu haben die Forscher 20 000 medizinische Diagnosen von 140 Haut- und Brustkrebsspezialistinnen und -spezialisten ausgewertet. Lagen die Diagnosen Einzelner innerhalb einer kleinen Gruppe nicht weit auseinander, traf die Gruppe als Ganzes statistisch viel häufiger die richtige Diagnose. Sogar deutlich häufiger als selbst die besten Spezialisten im Team. Wenn sich aber die Diagnosen innerhalb des Teams stark unterschieden, war die Performanz der Gruppe niedriger. Gruppen können also tatsächlich deutlich bessere Entscheidungen treffen als selbst die besten Teammitglieder.

Interessant wird es, wenn innerhalb der Gruppen bekannt ist, welche Teammitglieder eine besonders hohe Reputation genießen. Dann nimmt die Teamperformanz wieder ab, weil die weniger erfolgreichen Mitglieder dem »Leittier« eher folgen und ihren eigenen Einfluss auf die Gruppendynamik zurückdrehen.

Was die Loveparade mit Staren, Heringen und Wanderameisen verbindet

Kollektive Meinungsbildung

All diese Einsichten sind wertvoll, vernachlässigen aber einen wesentlichen Punkt: Meinungen und Einschätzungen können sich ändern. Bei den bisher diskutierten Beispielen wurde die Beurteilung der Situation durch ein Individuum als konstant angenommen. Sowohl bei den Fischen, die auf Futtersuche gehen, den Menschen, die sich im Pulk bewegen, als auch den schwärmenden Menschen im Turnhallenexperiment sind Überzeugungen zwar eine wichtige Kraft, ändern sich aber nicht.

Das ist in der Realität anders, Wähler und Wählerinnen wandern von einer Partei zur anderen, und selbst Politikerinnen und Politiker wechseln ihre Überzeugung ab und an. Wenn also Menschen kollektiv Entscheidungen fällen, aber als Individuen ihre Meinungen im Prozess ändern, kann die Sache kompliziert werden. Denn die getroffenen Entscheidungen beeinflussen wiederum das Meinungsspektrum, außerdem werden Ansichten und Überzeugungen natürlich auch durch Kommunikation und den Einfluss aller Akteure aufeinander bestimmt. Man kann also kollektives Verhalten nur dann verstehen, wenn man enträtselt, wie sich Meinungen ausbreiten und in Gruppen oder in der Gesellschaft etablieren. Wieso haben 70 Millionen Amerikanerinnen und Amerikaner Donald Trump bei der Präsidentschaftswahl 2020 gewählt, obwohl dieser nachweislich während seiner Amtszeit 2016–2020 etwa 400 Tage auf dem Golfplatz verbracht und mehr als 22 000 Mal gelogen hat? Wieso finden Bewegungen wie QAnon und verschiedenste Verschwörungserzählungen in der Gesellschaft Resonanz und breiten sich aus? Welche zwischenmenschlichen Mechanismen führen zur Bildung von Filterblasen oder Echokammern, wie entstehen Polarisation, politischer Extremismus und Populismus? All diese gesellschaftlichen Phänomene werden durch Meinungen und Überzeugungen getragen und sind hochdynamische Prozesse. Es steht außer Frage, dass weltweit Populismus und politische Polarisierung zugenommen haben. In einer Studie von 2020 haben die Ökonomen

Manuel Funke, Moritz Schularick und Christoph Trebesch die Regierungen von 60 Ländern in den letzten 120 Jahren untersucht und festgestellt, dass seit etwa 1980 der Anteil populistischer – insbesondere rechtspopulistischer – Regierungen von fünf Prozent auf etwa 25 Prozent zugenommen hat.[55]

In einer anderen Studie von 2018 hat Zachary Neal die politische Polarisierung im amerikanischen Senat und Repräsentantenhaus zwischen 1973 und 2016 untersucht.[56] Für jede einzelne Gesetzesvorlage hat er ausgewertet, welche Politiker und Politikerinnen der Demokraten und Republikaner beteiligt waren und wie häufig Verbindungen über die Parteiengrenzen, also Kooperationen zwischen Personen verschiedener Parteien, zustande gekommen sind. Für jedes Jahr hat Neal so ein Kollaborationsnetzwerk erstellt und mit netzwerktheoretischen Methoden untersucht. Visualisiert man diese Netzwerke, wird sofort erkenntlich, dass seit 1980 die Verbindungen zwischen Demokraten und Republikanern graduell abnehmen und die Häuser politisch mittlerweile in zwei fast vollständig disjunkte Lager zerfallen sind.

Was sind die Auslöser dieser Entwicklung, welche Faktoren fördern sie? Gewöhnlich werden soziale Medien mitverantwortlich gemacht. Mittlerweile haben praktisch alle Menschen auf alle Informationen Zugriff, und unterschiedliche Informationsplattformen bedienen unterschiedliche Interessen. Noch vor zwei Jahrzehnten waren Menschen zwar auch unterschiedlicher politischer Meinung, aber die überwiegende Mehrheit war auf wenige Nachrichtenquellen angewiesen. Nur haben sie aus denselben Informationen unterschiedliche Schlüsse gezogen. Durch das Internet und soziale Medien ist es mittlerweile Normalität, dass sich widersprechende Informationsquellen jeweils Wahrheitsansprüche stellen und den Konsumenten somit Informationen liefern, die ihre eigene Überzeugung festigen. »Alternative facts« ist ein Schlagwort geworden. Damit haben sich Ursache und Wirkung vertauscht. Wurden früher Überzeugungen stärker aus Fakten abgeleitet, werden heutzutage vermehrt »Fakten geschaffen«, die Überzeugungen bedienen und festigen. Als verstärkender Effekt kommt hinzu, dass soziale Medien wie Facebook und Twitter es ermöglichen, mit anderen Personen gleicher Gesinnung direkt Informationen auszutauschen. War man früher auf die Kommunikation und den Tratsch mit den Nachbarn angewiesen, die man sich nicht aussuchen konnte, steht heute die ganze Welt als Reservoir für Gleichgesinnte zur Verfügung. Diese Argumentation ist schlüssig, aber kann man die skizzierten Prozesse quantitativ belegen? Nach welchen Regeln funktioniert Meinungsbildung? Welche Effekte sind zwangsläufig, welche Faktoren dominieren?

Klassische Meinungsbildungsmodelle

Die Erforschung der Meinungsbildung und der Dynamik realer sozialer Netzwerke (also nicht der Online-Netzwerke) hat eine lange Geschichte. Auch hier wurden zunächst einfache mathematische Modelle vorgestellt. Wie die anderen bislang beschriebenen Modelle sind sie oft idealisiert und abstrakt, helfen aber dennoch, wesentliche Aspekte der Meinungsdynamik in Gruppen oder in der Gesellschaft wiederzugeben. Hierzu zählen die Stabilität von Meinungsverteilungen, Meinungsvielfalt, Homogenisierung von Meinungen, Polarisation oder das Kommen und Gehen sozialer Normen. Meinungsbildungsmodelle haben ganz allgemein das Ziel, die Verteilung von Meinungen zu bestimmten Themen zu untersuchen. Dabei geht es weniger darum, die genaue Meinungsverteilung bei einem spezifischen Thema zu erklären, sondern die universellen Strukturen zu verstehen. Diese Verteilungen haben oft eine Form, die sich gut kategorisieren lässt.

In Fragebögen wird Ablehnung bzw. Zustimmung zu einem Thema oft in Zahlenwerten ermittelt, zum Beispiel in dem Spektrum: $-5, -4, -3, -2, -1, 0, +1, +2, +3, +4, +5$, wobei -5 einer ganz starken Ablehnung und $+5$ einer ganz starken Zustimmung entspricht. In realen Umfragen hat die Verteilung der Antworten dann

KOLLEKTIVES VERHALTEN

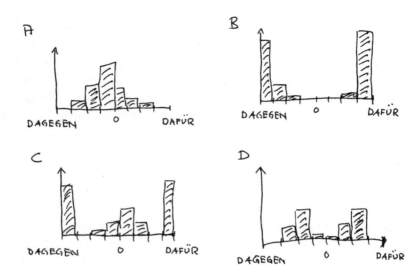

Meinungsverteilungen können verschiedene Formen haben. A: Die meisten Menschen sind neutral; je stärker die Meinung in die eine oder andere Richtung geht, desto weniger Menschen vertreten sie. B: Die Meinungen sind polarisiert, es gibt nur extreme Meinungen. C: Die Population besteht aus Enthusiasten an den Meinungsrändern und einer moderaten Mitte. D: Die Meinungen fallen in zwei Lager, links und rechts, sind aber nicht extrem.

charakteristische Strukturen, etwa, dass die meisten Werte im neutralen Bereich liegen und keine an den Rändern. Werden in Meinungsumfragen sehr häufig Antworten nur an den extremen Rändern gegeben, polarisiert das Thema stark.

Das wohl berühmteste Meinungsbildungsmodell ist das sogenannte »Voter«-Modell, das Wählermodell. Die beiden Mathematiker Thomas Liggett und Richard Holley stellten es 1975 vor.[57] In einer Variante dazu werden einzelne Personen als Knoten eines Netzwerks modelliert. Jeder Knoten kann nur eine von zwei Meinungen haben, +1 oder −1, »rot« oder »blau«, »links« oder »rechts« –

wie man möchte. Alle Knoten werden durch die Netzwerknachbarn beeinflusst. Am Anfang werden den Knoten Meinungen nach dem 50/50-Prinzip zufällig zugeteilt. Die Dynamik ist dann so definiert: »Voter« werden in zufälliger Reihenfolge ausgewählt und übernehmen die Meinung eines wiederum zufällig gewählten Nachbarn, egal welche es sein mag.

So etwas passiert natürlich nicht in der Realität. Dennoch ist es recht interessant, welche Meinungsstrukturen sich in diesem System bilden. Nach einiger Zeit formieren sich Inseln uniformer Meinungen. Dynamik findet an den Meinungsgrenzen im Netzwerk statt. Irgendwann setzt sich eine Meinung aufgrund der zufälligen Fluktuationen, die dem System innewohnen, durch.

Mit dem Voter-Modell sollte untersucht werden, ob verschiedene Netzwerkteile mit stabiler homogener Meinung entstehen. Es war aber nicht in der Lage, Meinungsdiversität zu erklären. Eine Erwei-

Sowohl im Voter- als auch im Majority-Modell entstehen nach kurzer Zeit Netzwerkregionen mit gleicher Meinung (schwarz oder weiß).
Irgendwann wird nur noch eine Meinung überleben.

terung des Modells ist das sogenannte »Majority«-Modell, also das Mehrheitsmodell. Hier übernimmt jeder Netzwerkknoten die Meinung, die unter seinen Netzwerknachbarn vorherrscht. Initialisiert man das System zufällig, bilden sich nach einiger Zeit Regionen uniformer Meinung, die deutlich stabiler sind als die des Voter-Modells. Aber auch im Majority-Modell überlebt irgendwann nur noch eine Meinung.

Sowohl im Voter- also auch im Majority-Modell spielt die Zahl der Meinungen übrigens keine Rolle, das Ergebnis bleibt das gleiche. Voter- und Majority-Modell waren auch deshalb so populär, weil man sie ohne Computer gut mathematisch analysieren konnte. Heutzutage kann man komplexere mathematische Modelle mit Hilfe von Computersimulationen untersuchen. Einen etwas realistischeren Ansatz verfolgte ein Modell, das Guillaume Deffuant 2000 vorstellte.[58] Hier erhält eine Meinung einen Zahlenwert aus einem kontinuierlichen Wertespektrum, also zum Beispiel einen Wert zwischen −1 und +1, wobei die Enden der Skala extreme Meinungen repräsentieren und 0 eine neutrale Meinung. Zum Beispiel könnte der Wert −1 für die Meinung stehen »Ich bin absolut gegen das Tempolimit auf Autobahnen«, +1 für die starke Befürwortung des Tempolimits und ein Wert von 0 für die Indifferenz zu diesem Thema. Viele Meinungsthemen kann man so näherungsweise abbilden.

Treffen im Deffuant-Modell zwei Personen mit unterschiedlichen Meinungen aufeinander, dann bilden sie einen Kompromiss. Hat Person A eine Meinung vom Wert 0,22, eine andere Person B die Meinung 0,46, ist die Durchschnittsmeinung 0,34. Sowohl A als auch B werden die ursprüngliche Meinung in Richtung 0,34 verschieben, das heißt, beide bewegen sich in ihren Meinungen aufeinander zu. Im Netzwerkmodell läuft dieser Prozess allerdings zwischen allen verlinkten Knoten gleichzeitig, und es ist nicht klar, welchen Meinungszustand das ganze Netzwerk einnehmen wird, weil sich ja andauernd überall die Meinungen ändern. Außerdem geschieht die Kompromissbildung nur dann, wenn die Meinungen zweier Knoten nicht zu stark auseinanderliegen. Trifft zum Beispiel die Meinung −0,41 auf die Meinung 0,67 und das Vertrauensintervall ist nur 0,3, werden die Akteure ihre Meinung nicht ändern, weil sie 1,08 weit auseinanderliegen. Im Englischen wird das Modell deshalb »bounded confidence model«, Beschränktes-Vertrauens-Modell, genannt. Wie weit das Vertrauen im Meinungsspektrum reicht, ist ein Parameter des Systems.

Startet man eine Computersimulation des Modells auf einem Netzwerk mit einer zufälligen Verteilung von Meinungen im Intervall von −1 bis +1, bilden sich nach kurzer Zeit stabile Meinungscluster, innerhalb derer alle Personen die gleiche Meinung haben. Die Cluster liegen aber so weit in ihrer Konsensmeinung auseinander, dass keine weitere Dynamik stattfindet. Allerdings findet man auch vereinzelt »Extremisten«, die so weit von der Konsensmeinung entfernt sind, dass sie sich im Meinungsspektrum nicht mehr bewegen, weil alle Nachbarn in ihrer Konsensmeinung zu weit entfernt sind und das Vertrauen fehlt, um von diesen moderaten Knoten beeinflusst zu werden. Das Modell von Deffuant war das erste, das stabile Meinungsinseln generieren konnte. Es war auch das erste Modell, das die Existenz von isolierten Extremisten erklären konnte, die aufgrund ihrer extremistischen Meinung nicht mehr beeinflusst werden können. Das Modell konnte allerdings nicht erklären, wie sich eine ganze Gesellschaft radikalisiert oder polarisiert.

Radikalisierung und Polarisation

Lange haben Wissenschaftlerinnen und Wissenschaftler in einfachen Meinungsmodellen und erweiterten Deffuant-Modellvarianten versucht, die Ausbildung von stark polarisierten Meinungsverteilungen oder Radikalisierung zu beschreiben und die Datenlage zu erklären, aber im Wesentlichen blieben diese Versuche erfolglos. Erst 2018 haben die Mathematikerinnen Yao-Li Chuang,

Maria R. D'Orsogna und der Mathematiker Tom Chou von der University of California in Los Angeles (UCLA) ein Modell vorgestellt, das erfolgreich verschiedene Aspekte der Ausbreitung von Radikalität und Extremismus beschreiben konnte.[59] Auch ihr Modell ist ein mathematisches Modell, in dem die Dynamik durch einen Satz von Meinungsbildungsregeln beschrieben wird. Und es basiert ebenfalls auf einem kontinuierlichen Meinungsspektrum, jede Meinung hat einen Zahlenwert zwischen −1 und +1. Der Unterschied liegt in der Differenzierung zwischen *extremen Meinungen* und *Radikalität*. In älteren Modellen wurden Meinungen an den Grenzen des Meinungsspektrums immer mit Radikalität gleichgesetzt. Personen mit extremen Meinungen, also zum Beispiel 0,95 oder −0,97, werden im Modell nur als Enthusiasten bezeichnet, sie sind nicht zwangsläufig auch radikal. Meinungen mit einem kleinen Zahlenwert sind moderat. Ein gutes Beispiel bilden die Amischen im Mittleren Westen der USA, eine tiefreligiöse Gruppe, die einen vergleichsweise extremen Lebensstil hat. Sie nutzen keine Elektrizität, keine Autos und sind gegen viele Aspekte des modernen Lebens. Gewalt lehnen sie kategorisch ab. Die Amischen sind allerdings nicht radikal, weil sich ihre Einstellung nicht aus der Ablehnung und Aggression gegenüber anderen Lebensweisen ableitet, sie sind tolerant gegenüber Andersdenkenden.

Radikalität ist im UCLA-Modell eine zweite Variable, die die Einstellung bzw. Intoleranz gegenüber Andersdenkenden quantifiziert. Ein religiöser, nicht-radikaler Enthusiast mit Meinung +1 hegt keine negativen Emotionen gegenüber Atheisten. Ein stark überzeugter Atheist mit der Meinung −1 toleriert sehr gläubige Menschen. Beide lassen sich auf einen Diskurs ein und hören sich zu. Sind Menschen aber radikal, bedeutet das in erster Linie, dass sie gegen andere Meinungen sind und auch gegen die Menschen, die diese vertreten. So können im Prinzip auch Menschen mit neutraler Meinung radikal sein, weil sie gegen alle überzeugten Menschen sind, ob religiös oder nicht, ob links ob rechts.

Im UCLA-Modell können Individuen sowohl ihre Meinung als

auch ihre Radikalität ändern. Während die Meinung im kontinuierlichen Spektrum von −1 bis +1 liegt, wird die Radikalisierung einer Person nur durch eine binäre Variable beschrieben, entweder ist man radikal oder nicht. Radikale und Nicht-Radikale unterscheiden sich darin, wie sie sich zu den Meinungen anderer verhalten. Nicht-Radikale reagieren auf die Meinungen anderer Nicht-Radikaler offen, egal aus welchem Meinungsspektrum. Sie können sich ihnen annähern. Aber sie reagieren auf Radikale im gesamten Meinungsspektrum negativ und rücken in ihrer Meinung noch weiter von den Positionen einer radikalen Person ab. Radikale Personen wiederum reagieren positiv auf andere auf ihrer Seite des Meinungsspektrums, unabhängig, ob sie radikal sind oder nicht. Sie reagieren aber negativ auf alle, die der anderen Seite angehören.

Aber wie entstehen Meinungsverschiebungen und Radikalität in diesem Modell? Hier spielt das Meinungsumfeld die entscheidende Rolle. Personen können radikalisiert werden, wenn die Meinungsspannungen zwischen ihnen und ihrem Umfeld zu stark werden. Wenn das Umfeld die eigene Meinung vertritt, entsteht keine Spannung. Auch ein bisschen Meinungsdiversität ist erträglich. Wenn die eigene Meinung aber deutlich vom sozialen Umfeld abweicht, wird eine Radikalisierung wahrscheinlicher. Dann entfernt man sich noch stärker von der mittleren Meinung im Umfeld und erzeugt dadurch auch bei anderen Personen eine erhöhte Meinungsspannung. Die Wahrscheinlichkeit zur Radikalisierung wächst, eine Kaskade von Radikalisierungen kann entstehen, die ganze Population wird polarisiert, die Meinungsvielfalt wird kleiner, und die Häufungen an den Extremen des Meinungsspektrums steigen an.

Genau diese dynamischen Langzeitprozesse werden auch in Meinungsspektren zu verschiedenen Fragen aus Politik, Gesundheit, Ernährung, Bildung, Religion etc. beobachtet. Misst man Polarisierung, Extremismus, Radikalität über lange Zeiträume, folgen sie den Mustern, die das UCLA-Modell vorhersagt. So einfache Modelle sagen also überraschend genau die Meinungsverteilungen vorher, was bedeutet, dass wir in unserer Meinungsbildung viel stärker den unmittelbaren Einflüssen der Personen in unserem Umfeld unterliegen und dass individuelle Entscheidungsprozesse oder Überlegungen eine viel geringere Rolle spielen, als wir denken.

Filterblasen und Echokammern

Es stellt sich aber die Frage, wieso gerade in den letzten Jahren diese Prozesse an Fahrt aufgenommen haben. Das kann das Modell nur indirekt beantworten. Ein wesentlicher Aspekt des Modells ist die Meinungsspannung, die über die Personen vermittelt wird, mit denen man sich austauscht. Im Modell ändert sich dieser Personenkreis nicht. Aber gerade hier hat sich seit der Erfindung des Online-Daseins und der sozialen Medien sehr viel getan. Nicht nur haben wir heutzutage Zugang zu einer nahezu unbegrenzten Zahl an Informationsquellen. Auch unsere sozialen Strukturen, über die ja Meinungsspannungen vermittelt werden, ändern sich viel schneller, sind flexibler gestaltbar und dynamisch. Deshalb setzen Modelle, die erklären, wieso gerade jetzt Radikalisierung, Extremismus und Polarisation Konjunktur haben, an genau dieser Stelle an. Diese Modelle berücksichtigen einen wesentlichen Aspekt sozialer Netzwerke: soziale Homophilie, umgangssprachlich »Gleich und Gleich gesellt sich gern«, also das Phänomen, dass man lieber mit Gleichgesinnten soziale Kontakte pflegt. Schon Aristoteles schreibt in der ›Nikomachischen Ethik‹, dass Menschen andere lieben, die so sind wie sie selbst. Dass Gegensätze sich anziehen, mag sein, dass sie langfristige Bindungen schaffen, ist eher selten. Wissenschaftliche Evidenz spricht dafür, dass sich Menschen in erster Linie mit Leuten umgeben, die ähnlicher oder gleicher Meinung sind. Im Zeitalter der sozialen Medien kann man diese Neigung zur sozialen Homophilie sehr gut quantitativ erfassen, indem man beispielsweise das Facebook- oder Twitter-Netzwerk untersucht und auswertet.

2011 haben Wissenschaftler um Filippo Menczer Daten der Kurznachrichtenplattform Twitter untersucht.[60] Die Wissenschaftler stellten fest, dass die Zugehörigkeit zu einem politischen Lager einen starken Einfluss auf die Vernetzung der Nutzer hat, dass also Verbindungen zwischen Menschen aus einem Lager viel häufiger sind als Verbindungen zwischen den Lagern, ähnlich den Beobachtungen zur Polarisierung des amerikanischen Senats und Repräsentantenhauses. Gerade über diese neuen Netzwerke aber informieren sich Menschen auch und beeinflussen sich gegenseitig. Sind diese sozialen Netzwerke stark in verschiedene Meinungscluster segmentiert, findet viel weniger Meinungs- und Informationsaustausch statt. Es entstehen homogene Filterblasen, in denen Informationen, aber eben auch Falschinformationen und »alternative Fakten« kursieren. Der Begriff Echokammern beschreibt diese Strukturen gut. Aus diesen Informationsnetzwerken hallt es, wie man hineinruft. Die Informationsausbreitung im 21. Jahrhundert findet auf sozialen Netzwerken statt, deren Struktur sich so schnell ändern kann wie die Informationen selbst. Wir müssen also nicht nur verstehen, wie die Informationen sich ausbreiten und Meinungen sich gegenseitig beeinflussen, sondern auch, wie die Meinungsspektren die Vernetzungsstrukturen untereinander beeinflussen.

Schon 2006 haben die Netzwerkwissenschaftler Petter Holme und Mark Newman ein einfaches dynamisches Netzwerkmodell entwickelt und untersucht, das die Entstehung von Filterblasen erklärt.[61] In ihrem Modell sind Meinungen wieder eine dynamische Größe, und Personen können ihre Meinung unter dem Einfluss anderer Meinungen ändern. Zusätzlich ändern die Personen aber auch ihre eigene Netzwerkstruktur. Als Modellknoten entfernen sie Verbindungen zu anderen, die nicht ihrer Meinung sind, und bauen neue Beziehungen zu Knoten mit ähnlichen Meinungen auf. Das Modell konnte zwei Szenarien vorhersagen: Entweder es bildet sich eine Konsensmeinung im gesamten Netzwerk, oder es entstehen homogene Filterblasen, in denen Meinungen überleben können, weil ihre Mitglieder mit anderen Meinungen gar nicht mehr konfrontiert werden.

Fasst man die Ergebnisse der beiden Modelle zusammen, müsste man zu dem Schluss kommen, dass die Bildung von homogenen Gruppen der Entwicklung von Extremismus und Radikalität vorbeugt. Denn dem UCLA-Modell zufolge entsteht Radikalität vor allem dann, wenn die Meinungsspannung im eigenen Umfeld zu groß wird, man also zu stark anderen Meinungen ausgesetzt ist. Allein die Tatsache, dass man nach sozialer Homophilie strebt, also Gleichgesinnte sucht, spricht dafür, dass Menschen ein tiefes Bedürfnis nach Harmonie haben, sie wollen von ihrem Umfeld wertgeschätzt werden, sind auf dieses positive Feedback angewiesen und suchen dort Bestätigung. Also müsste die Flexibilität sozialer Verlinkung auf sozialen Netzwerkplattformen ein System befrieden.

Nimmt man jedoch die Informationsflüsse und auch die Strukturen der sozialen Medien genauer unter die Lupe, dann stellt man fest, dass zwar einzelne Personen Gleichgesinnte suchen und sich mit ihnen vernetzen, aber dabei durchaus mit anderen Strömungen konfrontiert werden. Anders als die Amischen im Mittleren Westen kann man sich im Netz vor unangenehmen Reizen nicht schützen und isolieren. In den Newsfeeds auf Facebook und Twitter werden alle immer wieder anderen, oft radikalen Strömungen und Meinungsspannungen ausgesetzt, was wiederum die Vernetzung im eigenen Lager verstärkt und damit die Polarisation in der Gesellschaft bewirkt. Oft wird das Argument formuliert, dass diese Prozesse stattfinden, weil zwischen den Lagern oder einzelnen Meinungsgruppen zu wenig Diskurs stattfindet, man also moderater wird, wenn man anderen Meinungen ausgesetzt ist. Tatsächlich spricht die Wissenschaft aber eine andere Sprache.

In einer Studie von 2018 haben Wissenschaftler quantitativ untersucht, wie Menschen reagieren, wenn man sie mit anderen Meinungen konfrontiert.[62] In dieser Studie wurden demokratische und republikanische Wähler zu ihren Überzeugungen befragt. Sie sollten urteilen, wie sie zu bestimmten Themen stehen. Nach der ersten Befragungsrunde mussten einige der Probanden politische Zeitungen und Blogeinträge aus dem anderen Lager lesen und wurden danach wieder befragt. Nach der Lektüre hatte sich ihre eigene konträre Meinung nicht nur verfestigt, sondern war weiter in der Meinungsskala nach außen gerutscht. Offenbar können Menschen ihre Meinung nur ändern oder hinterfragen, wenn die Exposition durch andere Meinungen in sehr, sehr milden Dosen stattfindet.

Meinungsbildung, die Entstehung von Extremismus, Populismus, Radikalität sind gewiss komplexe Phänomene und so vielschichtig, dass es vermessen sein mag, die Prozesse auf einfache mathematische Modelle zu reduzieren, die die Akteure wie willen- und bewusstseinslose Teilchen beschreiben, die mathematischen Regeln folgen. Allerdings muss es zu denken geben, dass diese Modelle viele Beobachtungen dazu vorhergesagt haben oder beschreiben können. Und darauf kommt es letztendlich an. Die Modelle sind wertvoll, weil sie dabei helfen, die Prozesse besser zu verstehen. Es mag nicht besonders angenehm sein, wenn die eigene Dynamik genauso gut erfasst werden kann wie die Schwarmbildung der Stare, Fische und der Wanderameisen, hilfreich für das Verständnis unseres Verhaltens im Kollektiv ist es allemal. Vielleicht können wir von den Staren, den Goldbrassen und den Wanderameisen etwas lernen. Wir alle sind mit freiem Willen ausgestattet, können uns entscheiden, was wir tun und was wir lassen. Gleichzeitig folgen wir als Individuen auch Instinkten, reagieren in verschiedenen Situationen automatisch. Insbesondere wenn schnelle Entscheidungen wichtig sind, beim Autofahren, in Notsituationen, übernehmen die Instinkte, weil keine Zeit zum Überlegen ist. Als Individuen haben wir diese beiden Komponenten akzeptiert und verinnerlicht. Nicht selten setzen wir auch unseren Willen gegen die Kraft des eigenen Instinkts ein. Beim kollektiven Verhalten ist die Sache subtiler. Die Schwarm- und Meinungsbildungsmodelle und die diskutierten experimentellen Befunde zeigen, dass wir im Kollektiv vielfach nach natürlichen Regeln und Automatismen handeln, quasi den Instinkten des Kollektivs. Das mag uns etwas befremden, wenn wir das Kollektiv als äußere Kraft betrachten, die unsere individuelle Entscheidungsfreiheit einschränkt und uns fremdbestimmt. Noch schlimmer ist der Gedanke, dass wir uns nicht viel intelligenter verhalten als viele

Tiere. Doch es ist nützlich, bestimmte individuelle Reflexe und instinktives Verhalten zu verstehen. Außerdem können mit Hilfe der Modelle die Automatismen im Kollektiv besser kontrolliert werden, damit sie nicht zwangsläufig in ein Desaster münden. Und sie dienen dazu, die Vorteile kollektiver Intelligenz besser zu nutzen. Zum Beispiel könnte man Teams oder Institutionen so strukturieren, dass weder laute Minderheiten noch inkompetente Führungskräfte die falschen Entscheidungen treffen, sondern in flachen Hierarchien oder im Netzwerk bessere Wege gefunden und klügere Richtungen eingeschlagen werden.

KOOPERATION

Was man aus einem Gefängnisaufenthalt über die eigene Darmflora lernt

Das Leben hat den Planeten nicht durch Gefechte erobert, sondern durch netzwerken.

Lynn Margulis (1938–2012)

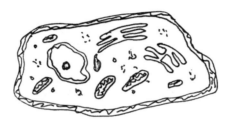

Im Sommer 1981 war ich zwölf und das erste Mal in Norwegen. Mit den Pfadfindern, deren zweiwöchige Freizeitreisen ein berühmt-berüchtigtes jährliches Highlight waren. Konrad Frenzel, der Pastor unserer Kirchengemeinde, organisierte sie. Etwa 20 Jugendliche und drei Erwachsene fuhren in drei VW-Bussen gen Norden, um zwei Wochen in der Wildnis zu leben. Weit und breit gab es nur Wasser und Wald. Keine anderen Menschen, keine Gebäude, keine Elektrizität und keine Toiletten. Dafür klamme Schlafsäcke und Mückenstiche. Konrad Frenzel, ein sehr charismatischer und intelligenter Mensch, muss damals um die vierzig gewesen sein. Was ihn am meisten auszeichnete, war sein Engagement für Kinder und Jugendliche. Müsste ich die wichtigsten fünf Personen aufzählen, die einen bleibenden Einfluss auf meine weitere Entwicklung hatten, wäre Herr Frenzel sicher dabei. Genau wie die Norwegenreisen bis heute zu meinen absoluten Highlights gehören. Erst viel später habe ich verstanden, was ich auf diesen Fahrten gelernt habe.

Zum Programm gehörte auch ein »Survival«, wer wollte, konnte mitmachen. Das Survival-Team wurde etwa 20 Kilometer vom Lager entfernt abgesetzt. Wir hatten eine Karte und einen Kompass, um den Weg zurück zu finden. Bei Sonnenuntergang schlugen wir unser Lager auf, und Herr Frenzel erzählte Gruselgeschichten. Ich hatte die Aufgabe, mit einem anderen Jungen Holz zu suchen. Diese Sammelaktion hat mir etwas über Kooperation beigebracht. Obwohl der andere Junge und ich uns nicht leiden konnten, hatten wir beide Angst und haben gern zusammengearbeitet.

Für soziale Wesen steckt in kooperativen Handlungen ein Mehrwert. Im Kapitel »Kollektives Verhalten« haben wir gesehen, wie Ameisen und Vögel im Kollektiv Probleme lösen oder einer Gefahr ausweichen. Das ist aber etwas anderes. Beim kollektiven Verhalten interagieren sehr viele ähnliche Individuen nach bestimmten Regeln. Die kollektiven Effekte entstehen zwangsläufig und automatisch.

Der Junge und ich, zwei grundverschiedene Individuen, haben aber direkt, auf komplexe soziale Art und Weise kooperiert. Kooperation zwischen einzelnen Personen – Verwandten, Bekannten, Freunden oder Fremden – kann sehr vielschichtig und unterschiedlich sein. Wie wir Menschen als soziale Primaten Informationen teilen, hängt sehr stark von der Beziehung der Individuen ab, vom Kontext. Gerade die Komplexität unserer Kommunikation und Kooperation, so könnte man meinen, zeichnet uns als Spezies *Homo sapiens* aus. Wir wissen natürlich, dass in anderer Form ähnlich komplexe Kommunikation und Kooperation zwischen anderen Primaten wie Schimpansen oder Gorillas stattfindet oder Delfinen und Walen. Dennoch, so die gängige Einschätzung, stellen wir als Art im Bereich Kommunikation und Kooperation alles in den Schatten. Wir haben sogar Tiere und Pflanzen domestiziert, mit denen wir kommunizieren und kooperieren. Wir reden mit unseren Haustieren und haben Weizen zu der erfolgreichsten und am weitesten verbreiteten Pflanzenart der Welt gemacht. Kultur, Zivilisation, technologischer Fortschritt, Gesetze und Staatssysteme sind im Kern Produkte komplexer menschlicher Kooperation und Kommunikation. Aus dieser etwas oberflächlichen Perspektive könnte man ableiten, *Homo sapiens* sei in puncto Kooperation die am höchsten entwickelte biologische Lebensform. Was nicht stimmt.

Diese Interpretation wird noch gestärkt durch den Vergleich mit Wildtieren. Naturdokumentationen im Fernsehen legen den Fokus oft auf den Wettstreit um Ressourcen, es wird berichtet, wie clever einzelne Arten sich ihren Umständen angepasst haben, wie erschöpfend der Überlebenskampf ist, wie brutal die Natur sein kann, wenn ein Habicht eine Feldmaus tötet, ein Krokodil ein Gnu in Stücke reißt oder die Spinne ein Insekt vergiftet. Spinnenweibchen, die ihre Paarungspartner verspeisen, lassen uns schaudern. Fressen und gefressen werden ist das Konzept. Die Großen fressen die Kleinen. »Männchen« kämpfen um die Gunst der »Weibchen«, der Stärkere gewinnt und erhält die Chance zur Fortpflanzung.

Bei Pflanzen wird diskutiert, mit welchen Tricks sie um Sonnenlicht kämpfen. Diese Geschichten sind typisch: Alles ist Konkurrenz. Selten wird über die symbiotische Beziehung zwischen Arten

Die Großen fressen die Kleinen.

berichtet, also zum Beispiel die Kooperation zwischen Bestäubern wie Bienen und Schmetterlingen und den Pflanzen, die sie ernähren und deren Fortpflanzung sie im Gegenzug gewährleisten. Oder von Vögeln, die in den Mäulern von Krokodilen und Flusspferden die Parasiten entfernen und davon leben. Eine klare Win-win-Situation. Symbiosen und Mutualismus (eine Art freiwillige Symbiose, aus der beide Partner Vorteile ziehen) werden als Randerscheinung und besondere Spielart der Natur begriffen.

Darwin

Die Art und Weise, wie die Natur bzw. die Wechselwirkung zwischen den Arten bis heute beschrieben wird, hängt vornehmlich mit der Darwin'schen Evolutionstheorie zusammen und mit Konzepten zur Natur, die von Mitte des 19. Jahrhunderts bis zum Ende des 20. Jahrhunderts unser Denken dominiert haben. 1859 veröffentlichte Darwin sein berühmtes Werk ›Über die Entstehung der Arten‹[63], das die Evolutionsbiologie begründete und die Wissenschaft revolutionierte. Im Ranking der wichtigsten Wissenschaftlerinnen und Wissenschaftler aller Zeiten liegt Darwin nicht selten auf Platz 1.

Charles Darwin (1809–1882) war viel unterwegs. 1831, im Alter von 22 Jahren, stach er mit der *HMS Beagle* in See und reiste in fünf Jahren um die Welt. Dabei hat er viele Stationen gemacht, unter anderem in Brasilien, Chile, auf den Galapagosinseln, in Neuseeland, Australien. Überall hat er die Natur mit ungeheuer scharfem Auge betrachtet und schon während der Reise die Grundsätze seiner Evolutionstheorie entwickelt. Darwin hat aus seinen Beobachtungen, insbesondere dem genauen Vergleich verschiedener Tier- und Pflanzenarten, den Schluss gezogen, dass man die Entstehung und Vielfalt der Arten durch zwei wesentliche Mechanismen erklären kann: Variation und natürliche Selektion. Er postulierte, dass Arten einige ihrer Merkmale durch Zufall von Generation zu Generation variieren. Ist eine Variation vorteilhaft, weil sie besser an die äußeren Umstände angepasst ist und beispielsweise die Futtersuche erleichtert, wird das Merkmal automatisch selektiert, und ein Träger dieses Merkmals hat mehr Nachkommen. »Survival of the Fittest« ist ein viel zitierter Ausdruck von Darwin, der wie kein anderer in den Jahrzehnten nach ihm fehlinterpretiert und missbraucht worden ist. Der Begriff »fitness«, der in der Evolutionstheorie die wichtigste Größe ist, beschreibt nicht etwa, wie kraftvoll, schnell, stark ein Individuum oder eine Art ist, sondern wir gut diese in die äußeren Bedingungen »passen«. Darwin konnte noch nicht beantworten, wie Merkmale und deren Variationen entstehen und an die nächste Generation weitergegeben werden.

Etwa zur gleichen Zeit führte der österreichische Mönch Gregor Mendel (1822–1884) die ersten kontrollierten Experimente zur Vererbung von Merkmalen bei Erbsenpflanzen durch und entdeckte die grundlegenden mathematischen Regeln dazu. Vielleicht mussten auch Sie die Mendel'schen Regeln im Biologieunterricht lernen. Erst durch die Synthese von Vererbungslehre und Darwin'scher Evolutionstheorie wurde Letztere Anfang des 20. Jahrhunderts vollständig etabliert, was einen ungeheuren Fortschritt im Verständnis der Natur und der Artenvielfalt bedeutete.

Die Darwin'sche Evolutionstheorie hat sich aber nicht nur durch ihren Erfolg in der Erklärung der Entstehung und Entwicklung der Arten durchgesetzt. Ihre Popularität wurde durch die Anwendung in sozialen, gesellschaftlichen und politischen Kontexten in der zweiten Hälfte des 19. und des beginnenden 20. Jahrhunderts verstärkt. Konzepte wie Kampf ums Dasein, Kampf um Ressourcen, Konkurrenz, Wettstreit und »Survival of the Fittest« fanden im Viktorianischen Zeitalter besonders viel Resonanz in den gesellschaftlichen Eliten Großbritanniens. 1922, zur Zeit seiner maximalen Ausdehnung, gehörte etwa ein Viertel der Weltbevölkerung und ein Viertel der weltweiten Landmasse zum Vereinigten Königreich. Mit dem Recht des Stärkeren wurden die Überlegenheit der weißen Rasse und der koloniale Imperialismus legitimiert. Gleichzeitig zog man die fehlinterpretierten Grundsätze der Darwin'schen Evolutionstheorie für die explosionsartige Entwicklung des Kapitalismus heran. Ende des 19. Jahrhunderts entwickelte sich so der Sozialdarwinismus zu einer der populärsten Gesellschaftstheorien und lieferte das theoretische Fundament für Rassismus, Imperialismus, Nationalismus und Faschismus.

Wie eng verwoben die naturwissenschaftliche Evolutionstheorie Darwins mit sozialökonomischen und politischen Idealen Anfang des 20. Jahrhunderts war, erkennt man auch daran, dass einige der wichtigsten Evolutionsbiologen und -theoretiker der Zeit radikale Eugeniker und Rassisten waren. Karl Pearson (1857–1936) zum Beispiel, der Erfinder der mathematischen Statistik und Gründer des weltweit ersten Instituts für Statistik am University College, London, war zwar einerseits ein Sozialist, Freidenker und fundamentaler Gegner der britischen Monarchie, andererseits ein Eugeniker, der sich für die Reinhaltung »wertvoller« Rassen einsetzte und den Sozialdarwinismus auf der Ebene von Nationen anwendete. Im Kern war er also National-Sozialist. Ein Freund Pearsons war der britische Naturforscher Francis Galton (1822–1911), der Begründer der Eugenik, der Rassenhygiene, und ein überzeugter Rassist. Galton, übrigens ein Cousin Darwins, war der Auffassung, dass die menschliche Rasse durch Selektion verbessert werden sollte. Noch heute ist ein Institut in London nach ihm benannt. Ein anderes Beispiel ist der Begründer der Populationsgenetik und Statistiker Ronald Fisher (1890–1962). Fisher war ebenfalls Eugeniker und trat für die Sterilisation »minderwertiger« Menschen ein. Selbst nach dem Zweiten Weltkrieg vertrat er weiter diese Thesen. In einem Gutachten und Unterstützungsschreiben für Otmar Freiherr von Verschuer, einen deutschen Arzt und Rassenhygieneforscher, schrieb er: »Ich habe keinen Zweifel, dass die Nazis aufrichtig versucht haben, für das deutsche Volk zu handeln, besonders durch die Elimination defekter Individuen. Ich würde eine solche Bewegung jederzeit unterstützen.«[64]

Der Transfer der Prinzipien vom »Struggle for Life«, vom »Kampf ums Überleben«, auf Individuen, Rassen, Völker und Nationen im

Wettstreit und die verzerrte und falsche Interpretation des Konzepts »Survival of the Fittest« haben diese Denkmodelle sehr stark in den Natur-, Wirtschafts- und Sozialwissenschaften verfestigt. Ein Echo davon hört man leider bis heute in vielen Schichten der Gesellschaft. Das ist insbesondere deshalb bedauerlich, weil Darwin selbst die Unvollständigkeit dieser Prinzipien schon erkannt hatte. Er wusste, dass diese Konzepte nicht ausreichen, um verschiedene natürliche Prozesse zu erklären.

Obwohl auch Darwin die Natur eher als eine Kampfarena interpretierte, war er sich bewusst, dass die Variation von Merkmalen und natürliche Selektion nicht ausreichen, um beispielsweise Symbiosen, Mutualismus zwischen Arten befriedigend zu erklären. Die Theorie konnte außerdem nicht begründen, warum Evolution eher in Schüben und nicht graduell stattfindet. Darwin war sich bewusst, dass das Prinzip der Selektion nicht nur auf einzelne Individuen wirken kann, sondern auch auf Artenverbünde. Soziale Insekten wie Bienen und Ameisenstaaten, bei denen das Individuum offenbar nichts zählt, gaben Rätsel auf. Außerdem konnte die Theorie mit der einfachen Regel »Survival of the Fittest« die enorme Artenvielfalt nicht erklären – sie ließe ja eine Reduktion der Vielfalt erwarten. Dass die Darwin'sche Evolutionstheorie bestenfalls eine Näherung war, wurde von den Sozialdarwinisten geflissentlich ignoriert.

Ein ganz großer Schwachpunkt im Fundament der traditionellen Darwin'schen Evolutionstheorie ist die Betrachtung der Variation von Merkmalen und der natürlichen Selektion in einer statischen, sich nicht ändernden Umwelt. Wie wir im Kapitel »Kipppunkte« gesehen haben, sind die Tier- und Pflanzenarten in realen Ökosystemen stark vernetzt, sodass die Änderung von Merkmalen einer Art immer auch die Fitness der Merkmale anderer Arten beeinflusst und somit die äußeren Bedingungen ändert. In einem Netzwerk können Änderungen an einem Netzwerkknoten nicht isoliert betrachtet werden. Ein Netzwerk hat keinen Rand und damit kein »innen« und »außen«. Das gesamte Netzwerk unterliegt den Mechanismen der Evolution. Stuart Kauffman hat dieser Tatsache in dem Satz »All evolution is coevolution« Rechnung getragen. Es ist anzunehmen, dass Darwin sich dessen bewusst war und die Grundmechanismen seiner Theorie als vereinfachte Näherung interpretiert hat. In Erweiterungen der Darwin'schen Evolutionstheorie wird davon ausgegangen, dass Anpassung und Selektion nicht nur innerhalb der Arten, sondern vor allem durch die Beziehungen der Arten untereinander erfolgen.

Darwin hat für seine Schlussfolgerungen nur einen kleinen Ausschnitt der Natur beobachtet. Seine Argumentationsketten beziehen sich auf Phänomene, die man bei »großen« Tieren und Pflanzen beobachtet. Die gesamte mikrobiologische Welt blieb Darwin verborgen. Und wenn wir uns daran erinnern, dass die Artenvielfalt unter den Mikroorganismen (Bakterien und Archaeen) etwa 100 000-fach größer ist als bei allen Pflanzen und Tieren, fußt die Theorie auf einer Randgruppe der Lebensformen.

Bakterien

Und da wir gerade über Mikroorganismen reden: Neben der Evolutionstheorie hat sich ein anderer Zweig der Wissenschaft zu Darwins Zeit explosionsartig entwickelt: die Mikrobiologie. Dank immer besserer Mikroskope konnten zum ersten Mal dem bloßen Auge verborgene Lebensformen untersucht werden. Wissenschaftler erkannten, dass alles Leben aus Zellen besteht, die im Verbund den Organismus bilden, ob bei Mensch, Tier, Pflanze oder Pilz. Eine wesentliche Entdeckung war damals, dass sich die Zellen verschiedenster Organismen ähneln, was die innere Struktur anbelangt. Das betrifft den Zellkern (später hat man festgestellt, dass dieser das Erbgut enthält) und andere Organellen. Das sind klar umrissene innere Zellstrukturen, die bei den biochemischen Prozessen einer Zelle eine Rolle spielen. Außerdem stellte man bereits Ende des 19. Jahrhunderts fest, dass sehr viele Lebensformen einzellig bleiben und auf einen Zellverbund verzichten. Auch unter diesen Ein-

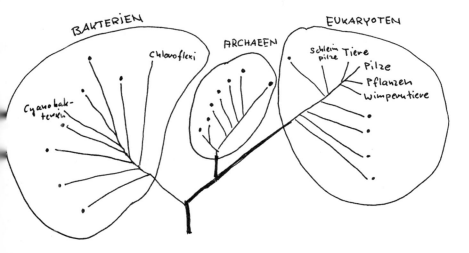

Die drei Domänen des Lebens

zellern gibt es Varianten, die in ihrer Zellstruktur den Pflanzen- und Tierzellen ähneln, Wimperntierchen, Pantoffeltierchen und andere wundersame kleine Organismen, die man Protisten nennt. Weil Tiere, Pflanzen, Pilze und Protisten alle einen Zellkern haben, bezeichnet man diese Lebensformen als Eukaryoten (griechisch Karyon = Kern).

Aber man fand auch eine ungeheure Vielzahl von Einzellern, die viel kleiner waren und keine komplexe innere Struktur hatten: die Bakterien und Archaeen. Anfangs differenzierte man zwischen ihnen nicht. Erst viel später hat man festgestellt, dass Bakterien und Archaeen in der Evolution sehr früh getrennte Wege gegangen sind und sich trotz ihrer oberflächlichen Ähnlichkeit stark unterscheiden.

Mit den Bakterien haben sich die Begründer der modernen Mikrobiologie und Bakteriologie, Robert Koch (1843–1910) und Louis Pasteur (1822–1895), beschäftigt. Robert Koch konnte in seiner

KOOPERATION

wohl wichtigsten Entdeckung nachweisen, dass Bakterien Krankheiten bei Menschen und Tieren auslösen können. 1876 konnte er den Milzbranderreger *Bacillus anthracis* kultivieren und beschreiben. Später hat er den Erreger der Tuberkulose entdeckt. Die Übertragungswege der Erreger wurden genau untersucht. Das alles war damals ein gigantischer wissenschaftlicher Durchbruch. Bis 1900 wurden 21 bakterielle Krankheitserreger identifiziert und im Labor nachgezüchtet. Die moderne Krankenhaushygiene entwickelte sich dank Kochs und Pasteurs Forschungen, mit diesem Wissen konnten viel bessere Vorkehrungen getroffen und die Patienten effizienter behandelt werden. Weil auch viele Erreger im Labor nachgezüchtet werden konnten, war der Entwicklung von Medikamenten wie Antibiotika der Weg geebnet. Der medizinische, mikrobiologische und epidemiologische Fortschritt, der durch Koch und Pasteur ermöglicht wurde, war gewaltig.

Aber wie bei der Darwin'schen Evolutionstheorie haben sich bestimmte vereinfachte Elemente im Allgemeinwissen etabliert, die das richtige Gesamtbild verzerren. Kochs Arbeiten haben den Bakterien ein sehr schlechtes Image verpasst, das selbst heute noch nachwirkt. Wenn wir das Wort »Bakterien« hören, denken wir zunächst an Krankheitserreger und Keime – diese zentrale Botschaft hat Koch durchaus forciert.

Tatsächlich aber ist Pathogenität, also die Fähigkeit, uns Menschen oder andere Tiere krank zu machen, eher eine Seltenheit. Mehr noch, ohne Bakterien würden Menschen erkranken, sie sind für alle Tiere und Pflanzen überlebensnotwendig. Der bekannte amerikanische Mikrobiologe Elio Schaechter hat einmal gesagt: »Bakterien können Krankheiten verursachen; ordnet man den pathogenen Bakterien aber eine dominante Rolle im menschlichen Dasein zu, ist das so anthropozentrisch wie die Behauptung, die Erde stünde im Mittelpunkt des Universums.« Die Assoziation von »Bakterien« mit »Krankheit« ist jedoch so tief in unserem Denken verankert, dass selbst das Verhältnis zwischen krankheitserregenden und nicht-krankheitserregenden Bakterienspezies oft total falsch

Was man aus einem Gefängnisaufenthalt über die eigene Darmflora lernt

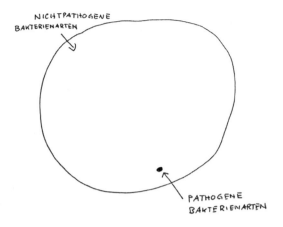

Pathogene und nichtpathogene Bakterienarten

eingeschätzt wird. Als 2017 das neue Museum im Robert Koch-Institut eröffnet wurde, war ich als Leiter der Projektgruppe »Modellierung von Infektionskrankheiten« an der Entwicklung einiger Exponate beteiligt. Nachdem alles arrangiert war, blieb noch eine große Wand frei. Ich schlug vor, zwei Kreise an die Wand zu zeichnen, deren Fläche jeweils die Anzahl der bekannten pathogenen und nichtpathogenen Bakterienarten symbolisiert. An dieser Wand sind jetzt ein Kreis mit zwei Metern Durchmesser (nichtpathogene Bakterien) und ein stecknadelkopfgroßer Kreis zu sehen, der die pathogenen Erreger darstellt. Selbst einige meiner Kolleginnen und Kollegen am RKI waren von diesem Größenvergleich überrascht.

KOOPERATION

Symbiogenese – der Ursprung aller höheren Lebensformen

Die Erfolge Pasteurs und Kochs verdecken die Tatsache, dass zur selben Zeit andere Wissenschaftler alternative Perspektiven und Interpretationen entwickelten, die erst jetzt in der modernen Evolutionstheorie und Mikrobiologie wieder mehr Aufmerksamkeit bekommen. Der russische Mikrobiologe Sergei Winogradsky (1856–1953) und der niederländische Botaniker Martinus Beijerinck (1851–1931) untersuchten die Rolle von Bakterien in Ökosystemen. Sie wollten herausfinden, wie verschiedene Bakterien in natürlichen Umgebungen Stoffwechselprozesse steuern und miteinander wechselwirken, wie sie zum Beispiel in Böden den Stickstoff binden, verarbeiten und mit anderen Bakterien oder Pflanzen interagieren. Während Koch über Bakterien als einzelne Erreger nachdachte, die genau eine Krankheit verursachen, sahen Winogradsky und Beijerinck Bakterien als bedeutende Elemente eines größeren Ganzen und wichtige Akteure des biologischen Stoffwechsels. Diese beiden Sichtweisen standen in Konflikt, und Anfang des 20. Jahrhunderts setzte sich aufgrund ihrer praxisrelevanten Erfolge die Koch-Fraktion durch.

Die russischen Mikrobiologen und Evolutionstheoretiker betonten also viel stärker das kollektive Ganze und die symbiotischen Mechanismen. Die russische Mikrobiologenszene des beginnenden 20. Jahrhunderts hat durch diese Perspektive auf Mikroorganismen auch die sogenannte Endosymbionten-Theorie und Symbiogenese entwickelt. Symbiogenese beschreibt das Verschmelzen zweier verschiedener Organismen zu einem neuen. Konstantin Mereschkowski (1855–1921) veröffentlichte 1905 die Theorie, dass Tiere, Pflanzen, Pilze und Protisten, also alle Eukaryoten, einst aus der Verschmelzung verschiedener bakterieller Ursprungsorganismen entstanden sind. In der Tat erinnern einige Organellen der Eukaryoten an Strukturen von Bakterien. In jeder Zelle befinden sich zum Beispiel Mitochondrien, die einer bestimmten Sorte von Bakterien aus der Gruppe der Rickettsien ähneln. Arten dieser Gattung kommen auch als intrazelluläre Parasiten vor. Sie haben eine Hülle wie Bakterien, ein eigenes Genom, also ein eigenes Erbgut, und versorgen die Zelle mit Energie. Pflanzen haben zusätzlich Chloroplasten, kleine Organellen, die die Photosynthese betreiben. Auch Chloroplasten erinnern in ihrer Form an photosynthetische Bakterien, die sogenannten Cyanobakterien, die Licht in Energie umwandeln. Und auch die Chloroplasten haben ihr eigenes Erbgut. Wenngleich Mereschkowski über das Erbgut noch nichts wissen konnte, stellte er die These auf, dass zu einer Zeit, als nur Bakterien und Archaeen die Welt bevölkerten, irgendwann eine Archaee ein anderes Bakterium schluckte und dass dieser symbiotische Verbund dann so weiterlebte und den Grundstock für die höheren Organismen lieferte.

Dieser Theorie der Symbiogenese wurde nicht viel Beachtung geschenkt. Erst etwa 60 Jahre später griff die amerikanische Biologin und Evolutionstheoretikerin Lynn Margulis diese Theorie wieder auf. In einer berühmt gewordenen Arbeit von 1967 bezeichnete sie die Symbiogenese als essenziellen Mechanismus bei der Entstehung der Eukaryoten. Einige Biologen ordneten diesen Prozess als den wichtigsten in der Evolution des Lebens auf der Erde ein, und Lynn Margulis lieferte eine evidenzbasierte Theorie dafür.

Lynn Margulis war in vielerlei Hinsicht eine wissenschaftliche Ausnahmeerscheinung. Der Wissenschaftshistoriker Jan Sapp formulierte treffend: »Was Charles Darwin für die Evolution ist, ist Lynn Margulis für die Symbiose.« Margulis erkannte in den späten 1960er-Jahren als eine der Ersten, dass symbiotische Beziehungen, Mutualismus und Zusammenarbeit verschiedener Organismen in einem Geflecht sowie Wechselwirkungen das dominante Prinzip in der Natur sind. Sie bildete damit einen Gegenpol zu den klassischen Neodarwinisten wie Richard Dawkins und John Maynard Smith, die den Fokus auf das Individuum und den klassischen Gedanken des »Survival of the Fittest«, den Kampf ums Überleben und den Wettstreit der Arten um Ressourcen, legten. Richard Dawkins' wohl bekanntestes Buch zu diesem Thema ›Das egoistische Gen‹ belegt das.

KOOPERATION

Bevor Lynn Margulis mit 29 Jahren ihre bahnbrechende Arbeit zur Endosymbiogenese veröffentlichte, lehnten mehrere Fachzeitschriften die Publikation ab. Zu revolutionär war diese Idee. Es dauerte noch einige Jahrzehnte, bis Margulis' Theorie durch die neuen Technologien der Gensequenzierung und die Entdeckung, dass Mitochondrien und Chloroplasten ihr eigenes Erbgut haben, triumphal belegt wurde. In zahlreichen Arbeiten zur Wechselwirkung verschiedener Mikroorganismen lieferte sie immer mehr Evidenz dafür, dass kooperative und symbiotische Beziehungen in der Natur, insbesondere im Kosmos der Mikroorganismen, die Regel und nicht die Ausnahme sind. Legendär sind die öffentlichen Debatten zwischen Lynn Margulis und Richard Dawkins. Einmal fragte Dawkins: »Why on earth would you want to drag in symbiogenesis when it's so unparsimonious and uneconomical?« – Wieso, um Himmels willen, betonen Sie Symbiogenese, wo diese doch so kompliziert und nicht ökonomisch ist? Margulis antwortete: »Because it's there.« –Weil sie da ist. Dieser kleine Austausch zeigt die unterschiedlichen Perspektiven der beiden Akteure. Hier Dawkins, ein glühender Verfechter einer Theorie, der alle empirische Evidenz, die seine Theorie stärkt, berücksichtigt und Evidenz, die dagegenhält, ignoriert. Da eine Wissenschaftlerin, die zunächst ganz nüchtern beobachtet, feststellt, was existiert, und erst dann eine Theorie entwickelt, die die Sachlage erklärt.

Bei der Debatte zwischen der Rebellin Lynn Margulis und den Neodarwinisten ging es aber um mehr als nur die Tatsache, dass Symbiogenese der Ursprung aller höheren Lebensformen ist. Margulis zufolge machen genau diese sprunghaften Schritte zur Kooperation und Symbiose den wesentlichen Bestandteil der Evolution aus. Erwiesen war mit ihrer Theorie, dass durch die Entstehung neuer Verbindungen Gesamtsysteme plötzlich ganz anders funktionieren, als wenn die Einzelelemente parallel nebeneinander und unabhängig voneinander graduell evolvieren. Damit war eines der Rätsel, die sich schon Darwin gestellt hat, teilweise gelöst. Darwins Theorie konnte ja nur graduelle Veränderungen einzelner Arten erklären und nicht die Entstehung ganz neuer Architekturen oder Merkmale. Margulis vertrat die Auffassung, dass durch neue Beziehungen, neue Wechselwirkung unter den Arten, zum Beispiel durch kooperative Symbiosen oder Mutualismus, neue Systeme entstehen; die Symbiogenese ist nur ein Beispiel dafür. Das Leben, so Margulis, hat die Welt durch die Entstehung neuer, vorwiegend positiver kooperativer Beziehungen erobert, die aber meist auf mikrobiologischer Ebene stattfinden und auf makrobiologischer Ebene leicht übersehen werden.

Kooperation mit Mikroorganismen

Sie kennen sicher Flechten, diese hell- bis dunkelgrünen, manchmal rostroten Flecken auf Steinen und Felsen. Die meisten Menschen halten Flechten für eine Pflanzenart, sie sind ja oft grün. In Wirklichkeit handelt es sich um ganz außergewöhnliche Lebensformen, nämlich um einen Lebensverbund aus verschiedenen Organismen.

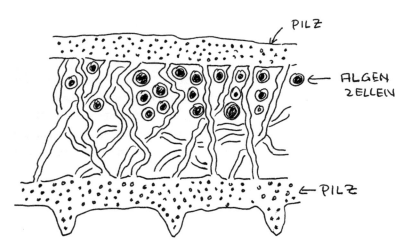

Der Aufbau von Flechten

KOOPERATION

Etwa fünf Prozent der Erdoberfläche sind mit Flechten bedeckt. Sie wachsen überall, aber typischerweise sehr, sehr langsam, in den meisten Fällen nur einen Millimeter pro Jahr. Allerdings können sie sehr alt werden, sie gehören zu den langlebigsten Lebewesen. Einige Exemplare sind zwischen 4500 und 8500 Jahre alt. Flechten bestehen typischerweise aus einer Pilzspezies und einer Algen- oder einer Cyanobakterienart. Die Algen bzw. Cyanobakterien liefern dem Verbund über Photosynthese Energie. Pilze, die ja keine Pflanzen sind, können selbst keine Photosynthese betreiben. Der Pilz liefert der Alge Schutz und vorteilhafte Bedingungen für den Partnerorganismus. Ein klassischer Mutualismus. Interessanterweise können die Teilnehmer des Verbunds auch solitär leben, also ohne Flechten zu bilden, haben dann aber eine ganz andere Form. Die Flechten sind also optionale Organismen. Erscheinungsbild, Form, Struktur und Morphologie hängen davon ab, welche Pilzart mit welcher Algenart im Verbund zusammenlebt. Das ist deshalb interessant, weil die Flechte in ihrem Phänotyp einen Gesamtorganismus bildet und die Evolutionsmechanismen der Variation und Selektion nicht mehr nur auf den einzelnen beteiligten Pilz bzw. die Algenart wirken, sondern direkt auf den Verbund.

Und genau das meinte Lynn Margulis, als sie davon sprach, dass die Natur die Erde nicht durch Wettkampf, sondern durch Kooperation erobert hat. Dabei geht das Prinzip der Kooperation über eine einfache Win-win-Situation weit hinaus. Durch die Kooperation entsteht ein neuer Gesamtorganismus, im dynamischen Geschehen der Evolution ein neuer Akteur. Dass Flechten symbiotische Organismen sind, war in den 1970er-Jahren bereits bekannt, sie wurden aber eher als Ausnahmeerscheinung betrachtet, eine Spielart der Natur.

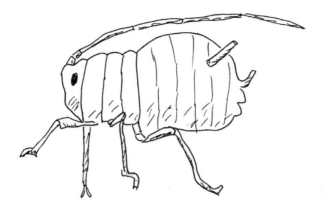

Blattlaus

Holobionten

Nach und nach wurden aber immer mehr kooperative Zusammenschlüsse aus Organismen entdeckt. Insbesondere zwischen höheren Tieren und Pflanzen und den Mikroorganismen. Mittlerweile weiß man, dass keine einzige Tier- oder Pflanzenart ohne einen kooperativen Verbund mit Mikroorganismen existiert. Nicht eine einzige. Jede Pflanze, jedes Tier trägt in oder auf sich Mikroorganismen, die essenziell für das Überleben und die Fitness des Gesamtorganismus sind. Dass in unserem Verdauungssystem, in unserem Rachen und auf unserer Haut allein mehrere Tausend verschiedene Bakterienarten leben, habe ich im Kapitel »Kipppunkte« schon kurz erwähnt. Aber wir Menschen sind in dieser Beziehung nichts Besonderes. Mittlerweile hat sich der Begriff Mikrobiom, also die Gesamtheit der Mikroorganismen, die in und auf uns leben, schon in der Alltagssprache etabliert. Über 30 Prozent der Substanzen im menschlichen Blut werden nicht vom Menschen selbst, sondern von den in ihm lebenden Bakterien hergestellt. Ein Mensch besteht, wie gesagt, aus rund 100 Billionen menschlichen Zellen. In seinem Verdauungstrakt leben noch einmal etwa genauso viele bakterielle Zellen, vielleicht sogar mehr. Wenn es also nach der schieren Anzahl von Zellen geht, sind wir ebenso viel Mensch wie Bakterium.

Die Kooperation aller Lebewesen mit Mikroben ist in Organismen sehr vielseitig gestaltet. In den Verdauungssystemen der meisten Wirbeltiere bilden sie flexible Ökosysteme, die sich zum Beispiel den Ernährungsgewohnheiten des Wirts anpassen. Man könnte das Mikrobiom als zusätzliches und regulierbares Organ bezeichnen. Bei anderen Arten ist die Zusammenarbeit sehr speziell. Nehmen wir die gewöhnliche (aber doch sehr interessante) Erbsenblattlaus *Acyrthosiphon pisum*. In ihrem Inneren findet man etwa 80 spezielle Körperzellen, die sogenannten Bakteriocyten. Schaut man sich diese unter dem Mikroskop genauer an, findet man in ihnen kleine Bakterien mit dem Namen *Buchnera aphidicola*. In den nur 80 Bakteriocyten leben bis zu fünf Millionen Bakterien. Was machen sie dort? Sie helfen den Blattläusen beim Stoffwechsel, indem sie zum Beispiel Zuckermoleküle und Aminosäuren weiterverarbeiten. Diese Aufgabe hat die Blattlaus an die zellinternen Bakterien abgegeben. Diese endosymbiotischen Bakterien werden über die Eier, die ein Blattlausweibchen legt, an die nächste Generation weitergegeben. Schon seit etwa 100 bis 300 Millionen Jahren, also lange Zeit, bevor *Tyrannosaurus Rex* die Erde bewohnte, und fast die Hälfte der Erdgeschichte, in der es überhaupt komplexes Leben gab. Die Partnerschaft der Erbsenblattläuse und der *Buchnera*-Bakterien hat also wirklich sehr, sehr dauerhaft Bestand. Sie ist so lang und so eng, dass die *Buchnera*-Bakterien mittlerweile einen großen Bestandteil des eigenen Erbguts einfach verloren bzw. wegevolviert haben. Da diese Bakterienart immer im Nest der Blattlauswirtszelle wohnt und sich dort fortpflanzt, waren viele der Gene, die einst für ein Leben außerhalb der Wirtszelle gebraucht wurden, nicht mehr notwendig. *Buchnera*-Bakterien haben eines der kleinsten Genome aller Lebewesen.

Eine andere Bakterienart mit dem schönen Namen *Wigglesworthia glossinidia* lebt in den Bacteriocyten der Tse-Tse-Fliege, die gleichfalls den Wert einer effektiven Symbiose für sich entdeckt hat.

Noch unzählige andere Insektenarten halten endosymbiotische Bakterien als »Haustiere«, darunter die Küchenschaben. Aber auch andere Tiere gehen faszinierende Symbiosen ein. Da ist zum Beispiel dieser kleine Wurm namens *Symsagittifera roscoffensis*. Würmer dieser Art haben bei ihrer Geburt einen »Mund«, der gesamte Verdauungsapparat fehlt allerdings, was stutzig machen könnte. Die jungen Würmer fressen Mikroalgen, die dann schnurstracks unter die Haut des Wurms kriechen, sich dort vermehren und ansiedeln. Wächst der Wurm heran, verliert er seinen Mund und ernährt sich in seinem ganzen Leben nie wieder direkt. Denn die photosynthetischen Mikroalgen versorgen ihn von nun an mit Energie und Nährstoffen.

Das letzte Beispiel ist besonders interessant. Der Zwergtintenfisch *Euprymna scolopes* hat mit nur etwa drei Zentimetern Körperlänge viele Fressfeinde und hat sich eine besonders clevere Art von Schutz ausgedacht. Um nachts durch das Mondlicht keinen Schatten zu werfen, der Raubfische aufmerksam machen würde, leuchtet der Tintenfisch. Die Biolumineszenz (die Fähigkeit von Organismen, Licht zu erzeugen) stammt allerdings nicht von dem Tintenfisch selbst, sondern von biolumineszenten Bakterien der Art *Aliivibrio fischeri*. Bei seiner Geburt ist ein Tintenfisch noch nicht mit Bakterien besiedelt. Er nimmt sie durch einen komplizierten Prozess aus der Umgebung auf, dabei werden einzelne Bakterien durch einen Kanal, der nur für diese Bakterien durchlässig ist, in das Biolumineszenzorgan transportiert. In diesem Organ werden die Bakterien vom Tintenfisch mit Nährstoffen versorgt und vermehren sich. Jeden Morgen werden etwa 90 Prozent der Bakterien wieder an die Umgebung abgegeben, damit andere neu geborene Tintenfische sich mit ihnen versorgen können. Anders als bei den intrazellulären Bakterien der Insekten ist beim Tintenfisch die Kooperation eher lose.

Man könnte an dieser Stelle noch viele interessante kooperative Symbiosen beschreiben, da überall in der Natur alle Lebensformen mit der mikrobiologischen Welt zusammenarbeiten und kooperieren. Ohne Ausnahme. Das ist auch nicht weiter verwunderlich, da Bakterien und Archaeen die Welt schon viele Hundert Millionen

Jahre bevölkerten, bevor die ersten komplexeren, vielzelligen Lebewesen erschienen. Die Wissenschaftler Scott Gilbert, Jan Sapp und Alfred Tauber haben diesen Wendepunkt in unserer Interpretation der Lebewesen im Titel einer wichtigen wissenschaftlichen Arbeit zu dem Thema zusammengefasst: »A symbiotic view of life: We have never been individuals«[65] – Wir waren nie Individuen. Aufgrund der ausnahmslosen Verbindung aller höheren Lebensformen mit Mikroorganismen muss man davon ausgehen, dass auch die Symbiose mit Mikroorganismen seit der Entstehung komplexer Lebewesen vor etwa 500 Millionen Jahren existiert. Wir waren nie Individuen. Die Konsequenzen sind für die Evolutionstheorie weitreichend, weil die klassische evolutionstheoretische Betrachtung der Naturphänomene fundamental vom Prinzip des Individuums und seiner Fitness abhängt. Aber offenbar ist das Konzept des Individuums bestenfalls eine grobe Annäherung an die Realität.

Die Wechselwirkung mit Mikroorganismen ist für praktisch alle höheren Lebensformen essenziell. Viele chronische Krankheiten des Menschen werden durch ein dysfunktionales Mikrobiom verursacht. Alle Wiederkäuer und Pflanzenfresser sind fundamental von den Bakterien in ihren Verdauungssystemen abhängig, die für

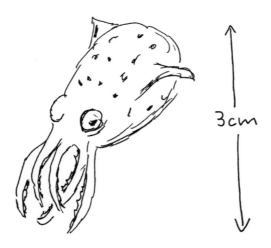

Der Zwergtintenfisch

den Abbau der Zellulose notwendig sind und diese in kleinere molekulare Bestandteile zerlegen. Mäuse, die im Labor vollständig steril, also ohne Mikrobiom, herangezüchtet werden (was gar nicht so einfach ist), sterben sehr früh. Einige Studien haben gezeigt, dass Kinder, die auf dem Land aufwachsen und viel mehr Kontakt mit der mikrobiologischen Artenvielfalt in der Natur und mit »Dreck« haben, viel seltener Allergien entwickeln. Bei vielen Säugetieren sind Ausscheidungsorgan und Geburtskanal physisch nicht weit voneinander entfernt, damit der Säugling bei der Geburt gleich mit wichtigen Darmbakterien »infiziert« und besiedelt werden kann.

Hat man den gedanklichen Schritt erst einmal vollzogen, das Prinzip Individuum aufzuweichen, müssen die gesamten Prozesse der Evolution neu überdacht werden. Lynn Margulis hat 1991 für diesen Zusammenschluss der Lebewesen, also für die Gesamtheit von Wirtsorganismus und zugehörigen Mikroorganismen, den Begriff »Holobiont« geprägt (griechisch holo = ganz, bios = Leben). So gesehen bedeutet die natürliche Selektion eines Holobionten, dass in erster Linie die Beziehung zwischen den Akteuren selektiert wird und nicht die einzelnen Elemente. Man kann die Arten nicht mehr isoliert, individuell betrachten. Die Struktur und Komplexität liegen in der Vernetzung. Margulis hat das Konzept des Holobionten allerdings noch viel allgemeiner gedacht und nicht auf die Zusammenarbeit von Mikroben und höheren Tieren oder Pflanzen beschränkt. In den ökologischen Netzwerken, die ich im Kapitel »Kipppunkte« beschrieben habe, sind einzelne Arten durch komplexe Beziehungen miteinander verbunden.

Lynn Margulis hat zusammen mit dem Biophysiker James Lovelock Mitte der 1970er-Jahre dieses Konzept auf die gesamte Biosphäre angewendet und die Gaia-Hypothese entwickelt. Danach ist die Biosphäre der Erde ein selbst regulierendes System, das aufgrund der wechselwirkenden Mechanismen optimale Bedingungen für Evolution und Stabilisierung schafft. Um die Plausibilität des Ansatzes zu veranschaulichen, hat James Lovelock zusammen mit

KOOPERATION

Daisyworld

Andrew Watson 1983 die Computersimulation »Daisyworld« – Gänseblümchenwelt – entwickelt.[66]

Auf einem hypothetischen Planeten leben nur zwei Sorten Gänseblümchen, die sich fortpflanzen: solche mit weißen Blüten und solche mit dunklen Blüten. Die hellen Blumen reflektieren mehr Licht und kühlen ihre Umgebung, die dunklen Blumen absorbieren mehr Licht und erwärmen ihr Umfeld. In der Simulation nimmt die Strahlung der Sonne graduell zu, symbolisch für eine graduelle Änderung der äußeren Bedingungen. Zunächst wachsen nur die dunklen Blumen, weil sie durch die Absorption des Lichts um sich herum ein warmes Mikroklima schaffen, das ihr Wachstum befördert. Das ist aber auch gut für die weißen Blumen, die in der warmen Umgebung der dunklen Blumen ebenfalls gedeihen. So stellt sich ein Gleichgewicht zwischen dunklen und weißen Blumen ein. Wenn die Sonne jetzt aber graduell immer stärker scheint, dann steigt die Temperatur auf Daisyworld kontinuierlich, bis die Bedingungen für beide Sorten schlechter werden, weil die Umgebungstemperatur zu hoch ist. Die Blumen sterben. Aber die dunklen sterben schneller, weil sie in ihrer unmittelbaren Umgebung die Luft noch aufheizen, während die weißen Blüten kühlen. So vermehren sich dann die weißen Varianten mehr und kühlen die Oberfläche der Erde wieder stärker ab, was wiederum die Bedingungen auch für die dunklen Varianten verbessert. Über diese indirekten kooperativen Effekte wird nicht nur dafür gesorgt, dass beide Varianten überleben, sondern es wird auch die Oberflächentemperatur auf ein konstantes Niveau reguliert, trotz sich graduell ändernder Sonnenstrahlungsintensität. Genau wie die Symbiogenese-Theorie von Margulis war und ist die Gaia-Hypothese nach wie vor umstritten, auch wenn sie durch verschiedene empirische Befunde untermauert ist. Interessanterweise finden sich aber immer mehr Beispiele, in denen Biotope regulativ auf das Klima wirken, und in den letzten Jahren hat die Hypothese wieder an Popularität unter Klimawissenschaftlerinnen und Ökologen gewonnen.

Evolutionäre Spieltheorie

Die Universalität und Diversität kooperativer Effekte in der Natur, Symbiosen und Mutualismus sind »nur« eine empirische Tatsache. Inwiefern diese Prozesse auch in sozialen, ökonomischen oder politischen Prozessen eine Rolle spielen, bleibt erst einmal dahingestellt. Wie bei allen komplexen Systemen bräuchte es eine Theorie oder Modelle, die in gleicher Weise evolutionsbiologische und gesellschaftliche Prozesse beschreiben können, die also den Kern der Kooperation erklären: wieso und unter welchen Bedingungen Kooperation entsteht, stabil ist und sich zum Beispiel gegenüber Systemen, die auf Wettstreit und Konkurrenz basieren, durchsetzt.

Mitte der 1950er-Jahre haben sich einige sehr renommierte Wissenschaftlerinnen und Wissenschaftler Gedanken über das theoretische Gerüst gemacht, das eine einheitliche Theorie für kooperative oder eben nicht-kooperative Strategien werden sollte. Eine der wichtigsten Figuren zu dieser Zeit war John Maynard Smith (1920–2004), ein Evolutionsbiologe, der Ideen aus der Ökonomie nutzte, um Evolutionsprozesse besser zu verstehen. Er gilt als Erfinder der evolutionären Spieltheorie. Grob skizziert versucht man dabei, natürliche oder soziale Prozesse als Spiel zwischen Akteuren zu formalisieren, bei dem die einzelnen Mitspieler verschiedene Strategien verfolgen, um ihren Gewinn zu maximieren bzw. den Verlust zu minimieren. Am einfachsten versteht man das an exemplarischen Beispielen, etwa dem sehr berühmten Gefangenendilemma.

Zwei Täter, sagen wir Person A und B, sind von der Polizei gefasst worden und werden verdächtigt, gemeinsam zwei Straftaten begangen zu haben, eine geringere und eine schwere. Nur für die geringere Straftat gibt es genug Beweise. Die Gefangenen werden einzeln verhört. Wenn sie beide schweigen, kann ihnen die schwere Straftat nicht nachgewiesen werden, und beide bekommen ein Jahr Haft für die geringere Straftat. Wenn Person A Person B verrät und beide Straftaten zugibt, Person B aber schweigt, bekommt Person A gar keine Gefängnisstrafe (also null Jahre Haft) für die Zusammenarbeit mit der Polizei (Kronzeugenregelung), Person B aber erhält drei Jahre für beide Straftaten. Verraten A und B sich gegenseitig, indem sie gestehen, bekommen beide eine zweijährige Haftstrafe. A und B müssen also genau überlegen, wie sie sich verhalten. Selbst wenn sie davon ausgehen, dass die andere Person schweigt, ist es besser, sie zu verpetzen, aber genau das denkt ja auch die andere Person. Schreibt man die mathematischen Gleichungen hierzu auf, zeigt sich, dass strategisch das Geständnis, also der Verrat der anderen Person, besser ist. Obwohl dann beide Personen zwei Jahre Gefängnis bekommen, also ein Jahr mehr, als wenn sie durch Leugnen kooperierten. Kooperation ist aus Sicht des Individuums nicht die beste Strategie, obwohl der Vorteil für beide am höchsten wäre.

Diesen Effekt nennt man Tragik der Allmende, also Tragik der Allgemeinheit.

In den meisten Modellen dieser Art wird Kooperation als eine Handlung mit einer höheren Investition, also mit Kosten, beschrieben, die dann allerdings, nur wenn alle mitmachen, einen hohen Gewinn abwirft, der wiederum unter allen geteilt wird. Defektoren, also Personen, die nicht kooperieren, tragen die Kosten der Kooperation nicht, teilen aber den Gewinn. Strategisch sind sie deshalb immer im Vorteil.

Ein anderes Modell zeigt das noch deutlicher. Stellen Sie sich vor, eine Gruppe von zehn Personen spart gemeinsam Geld, das dann mit einem hohen Ertrag angelegt wird. Sagen wir, jede Person kann (anonym) 100 Euro in ein Sparschwein stecken. Die Summe wird investiert und wächst um 500 Prozent. Dann wird der Ertrag an alle Beteiligten ausgezahlt. Wenn alle mitmachen, werden 1000 Euro eingezahlt 5000 Euro kommen zurück und jeder erhält 500 Euro, hat also einen Nettogewinn von 400 Euro. Wenn aber nur acht Leute einzahlen und zwei Defektoren nichts ins Sparschwein legen, dann werden am Ende 4000 Euro unter zehn Menschen aufgeteilt. Die ehrlichen Sparer machen einen Gewinn von 300 Euro, die Defektoren aber einen von 400 Euro, sie haben ja nichts eingezahlt. Verfolgt jede Person eine egoistische Strategie, werden nach und nach immer weniger Leute Geld in das Sparschwein stecken, bis am Ende niemand etwas gewinnt.

Die evolutionäre Spieltheorie wird als Basis für die Erklärung verschiedener Evolutionsprozesse genutzt, insbesondere werden mit ihrer Hilfe verschiedene strategische Wettstreitsituationen in der Natur beschrieben, die den neodarwinistischen Ansatz untermauern. Nun muss aber eine Theorie immer die beobachteten Phänomene erklären, und wenn sie es nicht kann, wird sie nicht richtiger, indem man nicht passende Beobachtungen einfach ignoriert. Da Kooperation unter den Lebensformen der Natur aber die Regel ist und nicht die Ausnahme, ist es fraglich, wie gut eine Theorie ist, die dieses universelle Element nicht erfassen kann.

In der Tat lag der Fokus vieler theoretischer Arbeiten zur Entstehung von Kooperation auf der Erweiterung des spieltheoretischen Ansatzes. Ein ganz interessantes Modell entwickelten Christoph Hauert, Silvia De Monte, Josef Hofbauer und Karl Sigmund.[67] Es basiert auf dem gerade beschriebenen Modell, bei dem Individuen gemeinsam Geld investieren und sich den Erlös teilen. Die Mitspieler hatten dabei nur zwei Möglichkeiten: in das Sparschwein einzuzahlen (zu kooperieren) oder es zu lassen (Defektoren). In dem erweiterten Modell gibt es eine dritte Option: nämlich nicht am Spiel teilzunehmen und auf eigene Faust zu investieren, dann aber nur einen geringeren Gewinn einzufahren. Im Vergleich zu einer Gruppe, in der es keine Defektoren gibt, schneiden die Einzelgänger schlechter ab. Wenn aber die Anzahl der Defektoren in der Gruppe steigt und damit der Gewinnanteil immer kleiner wird, ist es für ein Individuum irgendwann sinnvoll, die Gruppe zu verlassen und die Einzelgängerstrategie zu wählen. Dann schrumpfen die Gruppen immer mehr und der überproportionale Gewinn der Defektoren fällt. Am Ende stabilisiert sich eine Gesamtpopulation, in der Defektoren, Einzelgänger und kleine Gruppen aus Kooperierenden ein stabiles Gleichgewicht halten. Die Option, an der Kooperationsinitiative nicht teilzunehmen, stabilisiert die Kooperation. Ebenso kann es passieren, dass sich die Dominanz von Kooperierenden, Defektoren und Einzelgängern zyklisch abwechselt. Wenn zunächst alle kooperieren, wächst die Zahl der Defektoren, dann wird die Einzelgängerstrategie verfolgt, bis alle Defektoren verschwunden sind und es sich wieder lohnt zu kooperieren. Die Frage ist natürlich, ob das einfache mathematische Modell auch die Realität richtig beschreibt. Der Frage sind der Evolutionsbiologe Dirk Semmann, der Mathematiker Hans-Jürgen Krambeck und der Binnengewässerforscher Manfred Milinski nachgegangen. Sie haben in einem Experiment mit 280 Erstsemesterstudierenden das Modellspiel nachgebildet. Die Studierenden hatten pro Spielrunde 10 Euro Einsatz und konnten die drei Strategien anonym verfolgen. Die Wissenschaftler konnten über mehrere Runden tatsächlich die Zyklen in den Strategien messen.[68]

Das Ganze erinnert an die Flechten, den kooperativen Organismus aus Pilz und Algen, und an den Mutualismus zwischen Bakterien und Tieren, der häufig optional ist. Das Kriterium der Freiwilligkeit scheint also wichtig zu sein, dass es also zur Kooperation Alternativen gibt. Wird man zur Kooperation gezwungen, überleben am Ende nur die Defektoren.

Da Kooperation so ein wichtiges Element in biologischen und sozialen Systemen ist, kann man davon ausgehen, dass sich verschiedene Mechanismen zu ihrer Stabilisierung entwickelt haben. Einen einfachen und interessanten Mechanismus zeigt das 1998 veröffentlichte Modell von Martin Nowak und Karl Sigmund.[69] Die Basis bildet eine Population unterschiedlicher Modellpersonen, die sich gegenseitig etwas Gutes tun können. A kann zum Beispiel eine Person B unterstützen. Die Hilfe verursacht bei A Kosten und verschafft B einen Vorteil. Mal angenommen, der Vorteil von B ist größer als die Kosten bei A. Dann wäre es sinnvoll, dass alle sich gegenseitig helfen, da der Gesamtvorteil für alle größer wäre als die Gesamtkosten. Wenn eine Person sich jedoch entscheidet, anderen nicht zu helfen, ihr aber selbst immer geholfen wird, hat die Person nur Vorteile und keine Kosten, was wiederum dazu führen würde, dass letztlich niemand hilft – Tragik der Allmende.

Nowak und Sigmund haben nun eine weitere Größe in ihr Modell eingebaut. Jede Person hat ein individuelles, für alle sichtbares Image. Das Image kann positiv oder negativ sein. Wenn Personen anderen helfen, wächst das Image, wenn sie es nicht tun, fällt der Wert. Die Individuen können unterschiedliche Strategien verfolgen. Etwa, immer hilfreich zu sein, egal welches Image der Empfänger der Hilfe hat. Oder nur solchen Individuen zu helfen, die einen sehr hohen Imagewert haben. Die Auswertung zeigt, dass sich eine differenzierte Strategie durchsetzt, nämlich nur den Menschen zu helfen, die ein positives Image haben (also in der Vergangenheit selbst anderen geholfen haben). Im Lauf der Zeit allerdings durchlief die Modellpopulation Zyklen. Phasen der Kooperation wechselten sich mit Phasen ohne Kooperation ab.

Eine Erweiterung des Modells stellten kurze Zeit später Arnon Lotem, Michael A. Fishman und Lewi Stone vor.[70] Sie berücksichtigten, dass es in einer Population Individuen geben kann, die aus irgendwelchen Gründen anderen nicht helfen können, obwohl sie es wollen. Interessanterweise stabilisieren diese Individuen, die also auf Hilfe angewiesen sind, aber selbst keine Hilfe leisten können, über die Zeit die Kooperation in der Population.

Mittlerweile beschäftigen sich immer mehr Evolutionstheoretiker, Sozialwissenschaftler und Ökonomen mit dem Phänomen der Kooperation. Alle gängigen Modelle basieren allerdings immer noch auf dem Konzept des Individuums als fundamentale, »evolvierbare Einheit« mit individuellen Merkmalen, individueller Fitness, individuellen Kosten oder individuellen Vorteilen. Es gibt noch keine schlüssige Theorie zur Kooperation, die ohne das Konzept »Individuum« klarkäme. Besonders die Erkenntnisse aus der Mikrobiologie über Kooperation und Netzwerke, über Holobionten, Symbiosen und Mutualismus als seit Beginn des Lebens existierende und stabilisierende Elemente liefern alternative Perspektiven und neue Denkansätze, weil sie die fundamentalen Prinzipien des Neodarwinismus, Wettstreit, Kampf und Individualismus, marginalisieren. Diese Denkansätze werden von einer kleinen, aber wachsenden Gruppe von Wissenschaftlerinnen und Wissenschaftlern genutzt, um das theoretische Fundament für eine stimmigere Evolutionstheorie zu entwickeln. Vielleicht können in Zukunft aus diesen neuen Denkmodellen auch praktische gesellschaftliche Antworten abgeleitet werden, wenn klar wird, nach welchen Regeln Beziehungen in der Natur variiert und selektiert werden. 100 Jahre haben Neodarwinismus und Sozialdarwinismus sich gegenseitig befruchtet und zu fatalen Lebens- und Wirtschaftskonzepten geführt: ungezügeltem Wachstum, monopolistischen Konzernen, Uniformität und Diversitätsverlust. Vielleicht ist es an der Zeit, aus der erfolgreichsten Strategie der Natur zu lernen und sie in gesellschaftlichen und sozialen Strukturen zu übernehmen: der Kooperation.

KOPFBALL-UNGEHEUER

Was wir von Neandertalern und Cyanobakterien lernen können

Manni Bananenflanke, ich Kopf – Tor!
Horst Hrubesch

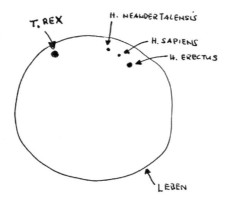

Vor 40 000 Jahren starben die Neandertaler aus. Als Kind lernte ich, dass die Neandertaler eine Vorstufe des modernen Menschen waren, Affenmenschen, die sich aus den Menschenaffen entwickelt hatten. Muskulös, etwas dumm. Grobmotorisch und sprachlos, stark behaart, dunkelhäutig (über rassistische Verzerrung in den Theorien weißer alter Männer haben wir ja schon berichtet), nackt oder maximal mit Lendenschurz bekleidet. Affenmenschen eben.

Heute wissen wir, dass die Neandertaler zwar eine vom modernen Menschen unterschiedliche Art der Gattung *Homo*, uns aber in nahezu allen Aspekten des Menschlichen ebenbürtig waren. Lange vor uns lebten sie in Europa und Asien. Die Neandertaler konnten sprechen. Sie begruben ihre Toten. Sie jagten clever im Kollektiv, produzierten Werkzeuge, Jagdwaffen und Kunst. Sie nutzten Feuer, trugen selbst angefertigte Kleidung. Ihr Hirn hatte ein größeres Volumen als das des modernen Menschen. Selbst die definierende Eigenschaft der stark ausgeprägten Augenbrauenwülste war wohl eher eine Mode der Zeit, denn die damaligen »modernen« Menschen hatten diese ebenfalls. Erst später wurden sie kosmetisch wegevolviert. Außerdem waren die Neandertaler vermutlich heller pigmentiert als etwa die Cro-Magnon-Menschen, der wohl ersten kleinen Siedlerkommune moderner Menschen, die aus Afrika nach Europa kamen und unsere Vorfahren werden sollten.

Circa 4000 Jahre haben Neandertaler und moderne Menschen in Europa Seite an Seite gelebt. Und nicht nur das. Offenbar haben sich *Homo neanderthalensis* und *Homo sapiens* auch hier und da mal zum Interspezies-Kuscheln zurückgezogen, denn in den Genen heute lebender Europäer und Asiaten sind deutliche Spuren der Neandertaler erhalten. Etwa 2,5 Prozent ihres Erbguts lebt in uns weiter. Vielleicht ein kleiner Trost für die Spezies *Homo neanderthalensis*, die nach ihrem etwa 100 000 Jahre währenden Kurzauftritt auf der Erde mehr oder weniger klanglos verschwand. Es ist nicht eindeutig geklärt, ob die Neandertaler aktiv durch den modernen Menschen verdrängt wurden. Wahrscheinlicher ist, dass sie sich einfach zu langsam vermehrt haben und zu viel hin und her gewandert sind. Belege für direkte Konflikte mit dem modernen Menschen fehlen bis heute. Aus Sicht der Art ist das Verschwinden der Neandertaler sicher eine Tragödie. Und aus Sicht der ganzen Gattung *Homo*, deren letzter Vertreter die Menschen sind, sicher auch. *Homo erectus*, *Homo floresiensis*, *Homo heidelbergensis*, *Homo ergaster* und eine Handvoll anderer Spezies unserer Gattung hatten bis auf *Homo erectus* nur Kurzauftritte. Aus der Perspektive unseres Planeten ist es ganz sicher keine Tragödie.

Die Erde ist etwa 4,54 Milliarden Jahre alt. Seit 3,7 Milliarden Jahren lebt sie. Einige Wissenschaftler gehen davon aus, dass sogar schon vor 4,2 Milliarden Jahren Leben auf unserem Planeten existierte. Pressten wir die Erdgeschichte in einen Spielfilm von 90 Minuten, dauerte der Auftritt der Neandertaler etwa eine Zehntelsekunde, kürzer als ein Augenzwinkern. In den letzten vier Milliarden Jahren hat die Biosphäre eine schier unfassbare Reichhaltigkeit an Leben hervorgebracht. Mindestens 99,9 Prozent aller Arten sind in der Erdgeschichte ausgestorben. Die Erde hat allein in den letzten 500 Millionen Jahren fünf extreme Massensterben mitgemacht. Sie hat verschiedenste Eis- und Heißzeiten erlebt, einige Wissenschaftlerinnen und Wissenschaftler gehen davon aus, dass bis vor 600 Millionen Jahren die Erde 200 Millionen Jahre lang nahezu komplett mit einer Eisschicht bedeckt war (Schneeball Erde). Dennoch hat das Leben überlebt.

Vor etwa 2,5 Milliarden Jahren lebte die Erde zwar schon etwa eine Milliarde Jahre, aber keines ihrer Lebewesen benötigte Sauerstoff. Tatsächlich haben dann erst die Vorläufer der Cyanobakterien, kleine einzellige Lebensformen, angefangen, über die Photosynthese Sauerstoff in gigantischem Ausmaß als Abfallprodukt zu produzieren, bis mehr Sauerstoff in der Atmosphäre war als heute. Weil Sauerstoff für die meisten Lebensformen damals toxisch war, hat das zu einem Massenaussterben geführt (der sogenannten Großen Sauerstoffkatastrophe). Cyanobakterien gibt es heute noch, und nicht wenige. Die Cyanobakterienart *Prochlorococcus marinus* ist die individuenreichste Lebensform überhaupt und stellt gleichzeitig einen substanziellen Teil des Sauerstoffs in unserer Atmosphäre her, nämlich Schätzungen zufolge zwischen 13 und 50 Prozent. Jeder zweite Atemzug, den Sie tätigen, liefert Ihnen Sauerstoff, den *Prochlorococcus* produziert hat. In den Weltmeeren leben Oktillionen *Prochlorococcus*-Einzeller. Trotzdem wurde sie erst 1992 entdeckt und beschrieben (individuelle Zellen der Art sind sehr, sehr klein).

Was können wir von Neandertalern und Cyanobakterien lernen? Erstens können wir erkennen, dass wir als Angehörige der Gattung *Homo* nicht unbedingt dafür geeignet sind, besonders lange als Art auf diesem Planeten zu existieren. Die Gattung *Homo* ist wohl eher eine evolutionäre Randerscheinung, mit Arten, die typischerweise zu Kurzauftritten neigen. Zweitens müssen wir erkennen, dass *Homo sapiens* nicht die einzige Lebensform ist, die nachhaltig und irreversibel die globale Umwelt massiv verändert. Wir schaffen es nur in vergleichsweise kurzer Zeit, und zwar so, dass wir, anders als die Cyanobakterien, selbst mit hoher Wahrscheinlichkeit nicht mehr darin überleben können. Nimmt man unsere tatsächliche Bedeutungslosigkeit für das Leben auf der Erde zur Kenntnis, können wir klarer erkennen, worum es bei der Bewältigung der gegenwärtigen Krisen – der Klimakrise, den Folgen der Digitalisierung, Globalisierung, Biodiversitätsverlust, den Finanz- und Wirtschaftskrisen, der Überbevölkerung und Hungersnöten – geht: um die Rettung unserer eigenen lächerlichen Art.

Momentan sieht es danach aus, dass wir das nicht schaffen. Nüchtern betrachtet. Wer Fußball mag, kennt das Gefühl, wenn die Lieblingsmannschaft in der Nachspielzeit 0:3 hinten liegt, und man selbst ist machtlos. Man kann nur zusehen. Eigentlich kann man nach Hause gehen beziehungsweise den Fernseher ausschalten. Aber da flackert noch ein Fünkchen Hoffnung. Als Kind habe ich gern Fußball geschaut. Ich erinnere mich an das Endspiel der Europameisterschaft 1980. Deutschland gegen Belgien. Und an Horst Hrubesch. In der 88. Minute stand es 1:1. Ich war zehn Jahre alt und hielt das nicht mehr aus. Ich bin in mein Zimmer gelaufen, habe mich auf mein Hochbett gelegt, die Fäuste geballt und die Augen zugekniffen. Dann hörte ich den Jubel meiner Eltern aus dem Wohnzimmer. Horst Hrubesch hatte zum 2:1 eingeköpft. »Manni Bananenflanke, ich Kopf – Tor!!« ist das wohl bekannteste Hrubesch-Zitat. Ich kann mich an nur wenige Momente reiner Ekstase aus meiner Kindheit erinnern. Dieser Moment war einer davon. Er stellte selbst meine Erlebnisse als Pfadfinder in Norwegen und Klaus Kleinwächters Feuerteichüberquerungen in den Schatten. Interessanterweise lagen damals meine Hoffnungen immer auf Horst Hrubesch. Er hat mich nie enttäuscht.

Trotz der eher aussichtslosen Lage für die Menschheit, der erdrückenden und besorgniserregenden Fakten, der politischen Lethargie, der ins Groteske verzerrten Realitätsbeschreibungen vieler Mitmenschen, der Massenpsychosen, der Autokraten und der verschwindend geringen Wahrscheinlichkeit, dass wir hier noch mal mit einem blauen Auge davonkommen, habe ich einen kleinen Funken Hoffnung. Wie damals. Die Komplexitätswissenschaft und dieses Buch liefern leider keine Betriebsanleitung für die Rettung der Menschheit. Aber vielleicht einen Werkzeugsatz, der uns dabei helfen kann, Muster in den Miseren zu erkennen, die Regeln der Krisen zu berücksichtigen, andere Perspektiven einzunehmen und zu verstehen, wie alles mit allem zusammenhängt: antidisziplinäres Denken, essenzielle Mechanismen identifizieren, statt sich in Details zu verlieren, Verbindungslinien zwischen Phänomenen erkennen, aus Ähnlichkeiten lernen. Denn nur Ähnlichkeiten sind bindend. Aus Unterschieden kann man nichts ableiten, man kann sie nur feststellen und aufzählen.

Vielleicht haben wir eine Chance, wenn wir alle etwas mehr Horst Hrubesch wagen. Hrubesch war ein uneigennütziger Teamplayer. Seine Leistung wuchs durch *Kooperation* mit anderen. Auf dem Platz war er Teil des Teams, eines *komplexen Netzwerks* von Spielern, und hat sich besonders effizient im *Kollektiv verhalten*. Unprätentiös, bescheiden, leise, aber groß. Wenn jemand mit *kritischen* Situationen umgehen konnte, war es Horst Hrubesch. Er konnte ein schon verloren geglaubtes Spiel *kippen*. Hrubesch hat sich immer mit all seiner Wucht vorne reingeworfen und hat dem Rückstand sozusagen seine Stirn geboten, er hat fast immer seinen Kopf eingesetzt. Metaphorisch müssen wir jetzt auch, wie Horst Hrubesch, den Problemen und Krisen unsere Stirn bieten, uns reinwerfen und unseren Kopf nutzen, auch wenn es etwas Kopfschmerzen macht. Und so wie Teamkollege Manni Kaltz krumm schießen konnte, müssen wir hier und da etwas um die Ecke denken und Verbindungen sehen, wo wir vielleicht keine erwartet haben. Gedanklich mal über die Flügel kommen und das Ding am Ende noch drehen.

ANHANG

Anmerkungen

Zitat S. 9: Lynn Margulis, Der symbiotische Planet (2018). Abdruck mit freundlicher Genehmigung des Westend Verlags.

1. May, R.M., Levin, S.A. & Sugihara, G. Ecology for bankers. *Nature* 451, 893–894 (2008).
2. Hufnagel, L., Brockmann, D. & Geisel, T. Forecast and control of epidemics in a globalized world. *PNAS* 101, 15 124–15 129 (2004).
3. May, R.M. & Lloyd, A.L. Infection dynamics on scale-free networks. *Phys. Rev. E* 64, 066112 (2001).
4. May, R.M. Simple mathematical models with very complicated dynamics. *Nature* 261, 459–467 (1976).
5. Dietz, K. & Heesterbeek, J.A.P. Daniel Bernoulli's epidemiological model revisited. *Mathematical Biosciences* 180, 1–21 (2002).
6. Kermack, W.O., McKendrick, A.G. & Walker, G.T. A contribution to the mathematical theory of epidemics. *Proceedings of the Royal Society of London. Series A, Containing Papers of a Mathematical and Physical Character* 115, 700–721 (1927).
7. Huygens, C. *Oeuvres complètes de Christiaan Huygens. Publiées par la Société hollandaise des sciences.* 1–644 (M. Nijhoff, 1888). Übersetzung des Autors.
8. Elton, C. & Nicholson, M. The Ten-Year Cycle in Numbers of the Lynx in Canada. *Journal of Animal Ecology* 11, 215–244 (1942).
9. Buck, J. & Buck, E. Synchronous Fireflies. *Scientific American* 234, 74–85 (1976).
10. Cooley, J.R. & Marshall, D.C. Sexual Signaling in Periodical Cicadas, Magicicada spp. (Hemiptera: Cicadidae). *Behaviour* 138, 827–855 (2001).
11. Néda, Z., Ravasz, E., Brechet, Y., Vicsek, T. & Barabási, A.-L. The sound of many hands clapping. *Nature* 403, 849–850 (2000).
12. Saavedra, S., Hagerty, K. & Uzzi, B. Synchronicity, instant messaging, and performance among financial traders. *PNAS* 108, 5296–5301 (2011).
13. Anderson, R.M., Grenfell, B.T. & May, R.M. Oscillatory fluctuations in the incidence of infectious disease and the impact of vaccination: time series analysis. *J Hyg (Lond)* 93, 587–608 (1984).

14 Grenfell, B.T., Bjørnstad, O.N. & Kappey, J. Travelling waves and spatial hierarchies in measles epidemics. *Nature* 414, 716–723 (2001).
15 Acebrón, J.A., Bonilla, L.L., Pérez Vicente, C.J., Ritort, F. & Spigler, R. The Kuramoto model: A simple paradigm for synchronization phenomena. *Rev. Mod. Phys.* 77, 137–185 (2005).
16 Strogatz, S.H., Abrams, D.M., McRobie, A., Eckhardt, B. & Ott, E. Theoretical mechanics: crowd synchrony on the Millennium Bridge. *Nature* 438, 43–44 (2005).
17 Albert, R., Jeong, H. & Barabási, A.-L. Diameter of the World-Wide Web. *Nature* 401, 130–131 (1999).
18 Ugander, J., Karrer, B., Backstrom, L. & Marlow, C. The Anatomy of the Facebook Social Graph. *arXiv:1111.4503* (2011).
19 Lusseau, D. et al. The bottlenose dolphin community of Doubtful Sound features a large proportion of long-lasting associations. *Behav Ecol Sociobiol* 54, 396–405 (2003).
20 Stopczynski, A. et al. Measuring Large-Scale Social Networks with High Resolution. *PLOS ONE* 9, e95978 (2014).
21 Kumpula, J.M., Onnela, J.-P., Saramäki, J., Kaski, K. & Kertész, J. Emergence of Communities in Weighted Networks. *Phys. Rev. Lett.* 99, 228701 (2007).
22 Barabási, A.-L. & Albert, R. Emergence of Scaling in Random Networks. *Science* 286, 509–512 (1999).
23 Liljeros, F., Edling, C.R. & Amaral, L.A.N. Sexual networks: implications for the transmission of sexually transmitted infections. *Microbes and Infection* 5, 189–196 (2003).
24 Boguñá, M., Pastor-Satorras, R. & Vespignani, A. Absence of Epidemic Threshold in Scale-Free Networks with Degree Correlations. *Phys. Rev. Lett.* 90, 028701 (2003).
25 Cohen, R., Havlin, S. & ben-Avraham, D. Efficient Immunization Strategies for Computer Networks and Populations. *Phys. Rev. Lett.* 91, 247901 (2003).
26 Siehe Anmerkung 6.
27 Bak, P., Tang, C. & Wiesenfeld, K. Self-organized criticality: An explanation of the 1/f noise. *Phys. Rev. Lett.* 59, 381–384 (1987).
28 Drossel, B. & Schwabl, F. Self-organized critical forest-fire model. *Phys. Rev. Lett.* 69, 1629–1632 (1992).
29 Eldredge, N. & Gould, S. Punctuated Equilibria: An Alternative to Phyletic Gradualism. *Models in Paleobiology* vol. 82, 82–115 (1971).
30 Bak, P. & Sneppen, K. Punctuated equilibrium and criticality in a simple model of evolution. *Phys. Rev. Lett.* 71, 4083–4086 (1993).

ANMERKUNGEN

31 Clauset, A., Young, M. & Gleditsch, K. S. On the Frequency of Severe Terrorist Events. *Journal of Conflict Resolution* 51, 58–87 (2007).
32 Waddington, C. H. *Organisers and genes*. Cambridge (1940).
33 Kauffman, S. Homeostasis and Differentiation in Random Genetic Control Networks. *Nature* 224, 177–178 (1969).
34 Zilber-Rosenberg, I. & Rosenberg, E. Role of microorganisms in the evolution of animals and plants: the hologenome theory of evolution. *FEMS Microbiology Reviews* 32, 723–735 (2008).
35 May, R. M. *Stability and complexity in model ecosystems*. (Princeton University Press, 2001).
36 May, R. M. Thresholds and breakpoints in ecosystems with a multiplicity of stable states. *Nature* 269, 471–477 (1977).
37 Scheffer, M. et al. Early-warning signals for critical transitions. *Nature* 461, 53–59 (2009).
38 Scheffer, M., Carpenter, S., Foley, J. A., Folke, C. & Walker, B. Catastrophic shifts in ecosystems. *Nature* 413, 591–596 (2001).
39 Lenton, T. M. et al. Tipping elements in the Earth's climate system. *PNAS* 105, 1786–1793 (2008).
40 Alley, R. B., Marotzke, J., Nordhaus, W. D., Overpeck, J. T., Peteet, D. M., Pielke Jr., R. A., Pierrehumbert, R. T., Rhines, P. B., Stocker, T. F., Talley, L. D. & Wallace, J. M., Abrupt Climate Change. *Science* 299, 2005–2010 (2003)
41 Dakos, V. et al. Slowing down as an early warning signal for abrupt climate change. *PNAS* 105, 14308–14312 (2008).
42 Centola, D., Becker, J., Brackbill, D. & Baronchelli, A. Experimental evidence for tipping points in social convention. *Science* 360, 1116–1119 (2018).
43 Davidovic, S. *The ecology of financial markets*. (Dissertation, Humboldt-Universität zu Berlin, Lebenswissenschaftliche Fakultät, 2016).
44 Bascompte, J. Structure and Dynamics of Ecological Networks. *Science* 329, 765–766 (2010).
45 Vicsek, T., Czirók, A., Ben-Jacob, E., Cohen, I. & Shochet, O. Novel Type of Phase Transition in a System of Self-Driven Particles. *Phys. Rev. Lett.* 75, 1226–1229 (1995).
46 Couzin, I. D., Krause, J., James, R., Ruxton, G. D. & Franks, N. R. Collective Memory and Spatial Sorting in Animal Groups. *Journal of Theoretical Biology* 218, 1–11 (2002).
47 Rosenthal, S. B., Twomey, C. R., Hartnett, A. T., Wu, H. S. & Couzin, I. D. Revealing the hidden networks of interaction in mobile animal groups allows prediction of complex behavioral contagion. *Proc Natl Acad Sci USA* 112, 4690–4695 (2015).

48 Ballerini, M. et al. Interaction ruling animal collective behavior depends on topological rather than metric distance: Evidence from a field study. *Proc Natl Acad Sci USA* 105, 1232–1237 (2008).
49 Helbing, D. & Molnár, P. Social force model for pedestrian dynamics. *Phys. Rev. E* 51, 4282–4286 (1995).
50 Helbing, D., Johansson, A. & Al-Abideen, H. Z. Dynamics of crowd disasters: An empirical study. *Phys. Rev. E* 75, 046109 (2007).
51 Helbing, D., Farkas, I. & Vicsek, T. Simulating dynamical features of escape panic. *Nature* 407, 487–490 (2000).
52 Couzin, I. D. & Franks, N. R. Self-organized lane formation and optimized traffic flow in army ants. *Proceedings of the Royal Society of London. Series B: Biological Sciences* 270, 139–146 (2003).
53 Couzin, I. D. et al. Uninformed Individuals Promote Democratic Consensus in Animal Groups. *Science* 334, 1578–1580 (2011).
54 Kurvers, R. H. J. M. et al. Boosting medical diagnostics by pooling independent judgments. *PNAS* 113, 8777–8782 (2016).
55 Funke, M., Schularick, M. & Trebesch, C. *Populist Leaders and the Economy.* https://papers.ssrn.com/abstract=3723597 (2020).
56 Neal, Z. P. A sign of the times? Weak and strong polarization in the U.S. Congress, 1973–2016. *Social Networks* 60, 103–112 (2020).
57 Holley, R. A. & Liggett, T. M. Ergodic Theorems for Weakly Interacting Infinite Systems and the Voter Model. *The Annals of Probability* 3, 643–663 (1975).
58 Deffuant, G., Neau, D., Amblard, F. & Weisbuch, G. Mixing beliefs among interacting agents. *Advs. Complex Syst.* 03, 87–98 (2000).
59 Chuang, Y.-L., D'Orsogna, M. R. & Chou, T. A bistable belief dynamics model for radicalization within sectarian conflict. *Quart. Appl. Math.* 75, 19–37 (2016).
60 Conover, M. et al. Political Polarization on Twitter. *ICWSM* 5, (2011).
61 Holme, P. & Newman, M. E. J. Nonequilibrium phase transition in the coevolution of networks and opinions. *Phys. Rev. E* 74, 056108 (2006).
62 Bail, C. A. et al. Exposure to opposing views on social media can increase political polarization. *Proc Natl Acad Sci USA* 115, 9216–9221 (2018).
63 Darwin, C. *On the Origin of Species by Means of Natural Selection.* (Murray, 1859).
64 Weiss, S. F. After the Fall: Political Whitewashing, Professional Posturing, and Personal Refashioning in the Postwar Career of Otmar Freiherr von Verschuer. *Isis* 101, 722–758 (2010).
65 Gilbert, S. F., Sapp, J. & Tauber, A. I. A symbiotic view of life: we have never been individuals. *Q Rev Biol* 87, 325–341 (2012).

66 Watson, A. J. & Lovelock, J. E. Biological homeostasis of the global environment: the parable of Daisyworld. *Tellus B: Chemical and Physical Meteorology* 35, 284–289 (1983).
67 Hauert, C., Monte, S. D., Hofbauer, J. & Sigmund, K. Volunteering as Red Queen Mechanism for Cooperation in Public Goods Games. *Science* 296, 1129–1132 (2002).
68 Semmann, D., Krambeck, H.-J. & Milinski, M. Volunteering leads to rock–paper-scissors dynamics in a public goods game. *Nature* 425, 390–393 (2003).
69 Nowak, M. A. & Sigmund, K. Evolution of indirect reciprocity by image scoring. *Nature* 393, 573–577 (1998).
70 Lotem, A., Fishman, M. A. & Stone, L. Evolution of cooperation between individuals. *Nature* 400, 226–227 (1999).

Hier geht es weiter und tiefer

Über die im Wald vor lauter Bäumen diskutierten Themen, Phänomene und Konzepte ist viel Literatur verfasst worden. Hier ist eine kleine Minibibliothek, die ich Ihnen wärmstens empfehlen kann, wenn Sie von der Thematik noch nicht genug haben.

Per Bak, *How Nature Works: The Science of Self-Organized Criticality*, Copernicus, 240 Seiten (1999)

Albert-László Barabási, *Linked: How Everything Is Connected to Everything Else and What It Means for Business, Science, and Everyday Life*, Basic Books, 304 Seiten (2014)

David Epstein, *Range: How Generalists Triumph in a Specialized World*, Macmillan, 368 Seiten (2020)

Stuart Kauffman, *The Origins of Order: Self-Organization and Selection in Evolution*, Oxford University Press, 732 Seiten (1993)

Bernhard Kegel, *Die Herrscher der Welt: Wie Mikroben unser Leben bestimmen*, DuMont, 384 Seiten (2016)

Lynn Margulis, *Der Symbiotische Planet oder Wie die Evolution wirklich verlief*, Westend Verlag, 208 Seiten (2018)

Melanie Mitchell, *Complexity – A guided tour*, Oxford University Press, 366 Seiten (2011)

Eugene Rosenberg & Ilana Zilber-Rosenberg, *The hologenome concept: Human, Animal and Plant Microbiota*, Springer, 191 Seiten (2014)

Steven Strogatz, *Synchron: Vom rätselhaften Rhythmus der Natur*, Berlin Verlag, 464 Seiten (2003)

Register

A

Abrams, Danny 67
Aktivator-Inhibitor-System 55 f., 64 f., 107
Albert, Réka 72, 83 ff., 88
Amaral, Luis 34, 36, 40, 89
Anderson, Roy 35, 63
antidisziplinäres Denken 31 f., 46 f.
Arten 36, 54, 111 ff., 125, 131 f., 134 f., 139, 185 ff., 189 f., 194 ff., 200, 203, 213
Artenvielfalt 35 f., 131 f., 135, 186 f., 189 f., 203
Ausländerfeindlichkeit 39

B

Bacon, Kevin 73
Bacon-Zahl 73
Bak, Per 95, 108, 112
Bak-Sneppen-Modell 112
Bak-Tang-Wiesenfeld-Sandhaufen 108
Bakterien 131, 134, 190–195, 198–202, 209, 213
Bakteriocyten 200
Barabási, Albert-László 69, 72, 83 ff., 88
Begegnungsnetzwerk 77 f., 80, 82
Beijerinck, Martinus 194
Bekanntschaftsnetzwerk 72 f.
ben-Avraham, Daniel 93
Bernoulli, Daniel 42
Bewegungsmuster 17 f.

Biodiversität 20, 214
Biologie 16, 19, 34, 37, 43, 122, 186 f.
Blattläuse 200
Börsenmakler 49, 62 f.

C

Caro, Anthony 49
Cavagna, Andrea 157
Chaos, deterministisches 26 ff.
Chaostheorie 35
Chemie 43
Chloroplasten 195 f.
Chou, Tom 176
Chuang, Yao-Li 175
Ciesek, Sandra 29
Clauset, Aaron 113
Cluster 76, 80–83, 175
Clusterbildung 80
Cohen, Reuven 93
Computersimulation 19, 67, 105, 155, 160, 174 f., 204
Couzin, Iain 155 ff., 163 ff.
COVID-19 19, 30, 43 f., 64, 74 f., 79, 82 f., 99 f., 107, 109
Crowd Turbulence 152 f., 161 ff.

D

Daisyworld 204 f.
Darmflora 70, 183
Darwin, Charles 41, 111, 186 f., 189 f., 192, 195 f.
Dawkins, Richard 195 f.

REGISTER

Defektoren 207 ff.
Deffuant, Guillaume 174 f.
De Monte, Silvia 208
Digitalisierung 20, 214
Doppelpendel 25 f.
D'Orsogna, Maria R. 176
Doubtful Sound 75 f., 80
Drossel, Barbara 108 ff.
Drosten, Christian 29
Dynamik 26, 29, 36, 41, 44, 56–59, 63 ff., 82, 90, 100 ff., 108, 134 f., 143, 148, 159, 171, 173, 175 f., 181

E
Echokammern 169, 178 f.
Eckhardt, Bruno 67
Einstein, Albert 40 f.
Einzeller 33, 54, 191, 213
Eiszeiten 142, 213
Elemente 17, 21, 37 f., 43 f., 66, 70, 101, 139 f., 192, 194, 203, 210
• autonom 28 f.
• dynamisch 54, 67, 130
Embryonalentwicklung 127, 136
Emergenz 28, 154
Entscheidungsprozesse 154, 164, 178
Epidemien 18, 43, 82, 90 f., 96, 100, 102 ff.
Epidemiologie 15, 19, 34, 42, 44, 46, 82, 100, 102
Eugenik 188
Eukaryoten 191, 194 f.
Euler, Leonhard 42
Evakuierung 162
evolutionäre Spieltheorie 205 ff.
Evolutionsprozesse 46, 111 f., 206 f.
Evolutionstheorie 41, 186–190, 192, 194, 202, 210
Extremismus 154, 169, 176 ff., 180 f.

F
Facebook 28, 71, 73, 78, 171, 178, 180
Feynman, Richard 32
Filterblasen 169, 178 f.
Finanzkrise 14, 144
Fisher, Ronald 188
Fishman, Michael A. 210
Flechten 197 f., 209
Flugverkehrsnetz 18, 34 f., 71, 74, 77
Foster, Norman 49 f.
Fraktale 116 f.
Funke, Manuel 170

G
Galton, Francis 188
Gauß, Carl Friedrich 42
Gedankenexperimente 41
Gehirn 61, 96, 150
Geisel, Theo 18, 35
Genderforschung 34
Gene 127–130, 200
Genom 29, 123, 125, 128, 195, 200
Genregulationsnetzwerk 128 ff., 133 f.
Geologie 43
Gilbert, Scott 202
Gleichgewicht 15, 50, 61, 110, 119, 135 ff., 139, 141 f., 205, 208
• dynamisch 107 ff., 133
• punktuell 111 f.
Globalisierung 20, 214
Google 79
Gravitationskraft 26
Greenspan, Alan 14
Grenfell, Bryan 63
Groß, Benedikt 117

H
Habitatverbindungen 57
Hagerty, Kathleen 62

Hauert, Christoph 208
Häufigkeitsverteilung 35, 84 f., 89, 109, 113
Havlin, Shlomo 93
Hawking, Stephen 20
Heißzeiten 213
Helbing, Dirk 159 ff.
Herdenimmunität 104 f.
Hofbauer, Josef 208
Holley, Richard 172
Holme, Petter 179
Holobionten 199, 203, 210
Homeostase 133
Hufnagel, Lars 18, 35
Huygens, Christiaan 51, 53
Hysterese 136

I

Impfungen 63, 90, 100, 102, 105
• Masern 63
Individualität 38
Infektionskrankheiten 18, 35, 63, 80, 82, 89 f., 93, 100, 193
Insekten 58, 134, 144, 150, 164, 189, 201
• sozial 189
Intelligenz, kollektive 163 f., 182
Irreversibilität 126 f., 136 f.

J

Jeong, Hawoong 72
Jujujájaki-Modell 80 f.

K

Kapitalismus 188
Karinthy, Frigyes 73
Kaski, Kimmo 80
Kauffman, Stuart 121, 129 f., 189
Kauffman'sches Modell 129 f.

Kermack, William 100 ff., 106
Kertész, János 80
Kinderkrankheiten 63
Kippelemente 139 f.
Kipppunkte 31, 93, 121, 136, 138 f., 141–144, 189
Klimakrise 20, 121, 214
Klimamodelle 139, 143
Knoten 70–73, 76, 78, 81–84, 86–93, 106, 110, 172, 174 f., 179
• Knotengrad 76, 84 ff., 88 f., 91 f., 144
Koch, Robert 29, 191 f., 194
Kollektiv 148 f., 153, 155 f., 163 f., 167 ff., 181, 184, 212, 215
Komplexität 13, 16, 20 f., 23, 28, 31 f., 36, 41, 46, 83, 128, 163, 184, 203
Komplexitätstheorie 16, 19, 46
Komplexitätswissenschaft 16, 18 ff., 28, 31 f., 34, 37, 40, 42, 46, 93, 215
Konkurrenz 135, 142, 185, 187, 205
Konsens 155, 164, 166, 168, 175, 179
Kooperation 183–186, 196 ff., 200 f., 205–210, 215
Koordination 49 f.
Krambeck, Hans-Jürgen 208
Krause, Jens 155 f., 158, 167 f.
Kritikalität 95 f., 98, 108, 113, 118 f.
• selbstorganisiert 98, 108, 118
kritischer Punkt 67, 97 f., 100, 108 f., 117, 119, 141, 155, 162
kritische Verlangsamung 142
Kumpula, Jussi 80
Kuramoto, Yoshiki 66, 68
Kuramoto-Modell 66 ff.

L

Lehman Brothers 14
Lehmann, Sune 40, 77 f., 80

Leibniz, Gottfried Wilhelm 42
Levin, Simon 15
Liggett, Thomas 172
Liljeros, Fredrik 89
Linguistik 46
Lockdown 29, 64 f., 107
Lorenz, Konrad 44
Lotem, Arnon 210
Lotka, Alfred 54
Lotka-Volterra-Modell 55, 65, 107, 134
Lovelock, James 203
Loveparade 152 f., 161
Lusseau, David 75

M
Maier, Benjamin 65
Majority-Modell 174
Mandelbrot, Benoît 116
Margulis, Lynn 195–198, 203, 205
Massenaussterben 113, 141, 213
Mathematik 15 f., 19, 41 ff., 66
May, Robert 15, 34, 36 f., 40, 63
McKendrick, Anderson 43, 100 ff., 106
McRobie, Allan 67
Meinungsbildung 28, 154, 169, 171 f., 177, 181
Mekka 152 f., 161
Menczer, Filippo 178
Mendel, Gregor 187
Mereschkowski, Konstantin 194
Messung 27, 39, 41
 • Messfehler 27
 • Messmethoden 27
Mikrobiologie 190 f., 194, 210
Mikroorganismen 190, 194, 196 f., 199, 202 f.
Milinski, Manfred 208
Millennium Bridge 49, 53, 58, 67 f.
Mitochondrien 194, 196

Mobilität, menschliche 18, 30
Modelle, mathematische 35, 42 f., 55, 68, 82, 101, 111 f., 135, 171, 174, 181
Multistabilität 130, 134 f., 144
Muster 18, 21, 31, 115, 117, 157, 177, 215 Siehe Bewegungsmuster
Mutualismus 134, 186, 189, 195, 197 f., 205, 209 f.

N
natürliche Selektion 186, 189, 203
Neal, Zachary 170
Neandertaler 211 ff.
Néda, Zoltán 61
Neodarwinismus 210
Nervenzellen 60 f., 123 f., 127, 131
Netzwerke 31, 33, 69, 71 f., 75 f., 81, 83–87, 90–93, 106, 110, 131, 144, 170, 179, 210
 • Finanznetzwerke 36
 • Kontaktnetzwerke 30, 35, 44, 102
 • ökologisch 15, 36, 131, 133, 144 f., 203
 • sozial 28, 71, 73, 75, 77, 80 f., 83, 95, 154, 171, 178 f.
 • Zufallsnetzwerke 83, 85, 87
Neurowissenschaften 19, 37
Newman, Mark 179
Newton, Isaac 24, 26, 39 f., 42, 160
Newton'sche Mechanik 24, 26
Norm, soziale 143, 171
Normalverteilung 85
Nowak, Martin 209, 223

O
Ökologie 15, 19, 36 f., 43, 46, 55, 131, 143 f.
Ökonomie 15, 19, 34, 37, 46, 206

Ökosystem 15, 35, 54, 57, 93, 119,
  131–135, 137 ff., 143, 189, 194, 200
Onnela, Jukka-Pekka 80
Oszillationen 54–57, 65, 98
Ott, Ed 67

P
Pandemie 19 f., 29 ff., 43 f., 64 f., 68,
  74, 79, 82 f., 95, 99 f., 104, 106–109
Pareto, Vilfredo 88
Pasteur, Louis 191 f., 194
Pastor-Satorras, Romualdo 90
Pearson, Karl 188
Pendeluhr 51, 53
Phasengeschwindigkeit 66
Phasenverschiebung 68
Photosynthese 195, 198, 213
Physarum 33 f.
Physik 16, 19, 28, 34, 37, 40–43,
  98 Siehe theoretische Physik
Pilze 32, 70, 131, 191, 194, 198
Polarisierung 98, 154, 169 f., 177, 179
Populationsdynamik 55
Potenzgesetze 17, 88, 110 f., 113 f., 118 f.
Psychologie 37

Q
QAnon 169

R
Radikalisierung 175, 177 f.
Rassismus 39, 188
Reduktionismus 36
  • ganzheitlich 37
Reimann, Raphael 117
Reißverschlussprinzip 163
Relativitätstheorie 40 f.
Reproduktionszahl (R-Wert) 102
Rescue-Effekt 56

Rich-get-richer-Effekt 87 f., 110
Robert Koch-Institut 29, 193
Robustheit 130, 134, 144
Rückkopplung 106 f.

S
Saavedra, Serguei 62
Sakkaden 16 f.
Sapp, Jan 195, 202
Saramäki, Jari 80
SARS-CoV-2 29, 80
Sauerstoff 113, 117, 124, 141, 213
Schaechter, Elio 192
Schmitt, Philipp 117
Schularick, Moritz 170
Schwarmteilchen 154 f.
Schwarmverhalten 28, 98, 154 f.
Schwarmzustände 156, 158
Selous, Edmund 148 f.
Semmann, Dirk 208
Sensible-DTU-Projekt 78 ff., 82
Sexismus 39
Sigmund, Karl 208 f.
SIR-Modell 100, 102 f., 106
»Six degrees of separation«-
  Hypothese 73 f.
Skalenfreiheit 83, 89
Small-World-Effekt 74, 83
Smith, John Maynard 195, 206
Sneppen, Kim 112
Social-Force-Modell 161
Sozialverhalten 30
Soziologie 34, 37, 88
Spurenbildung 151
Stammzellen 124, 127, 136
Stau 152, 161 ff.
  • Phantomstau 28
Stone, Lewi 210
Strogatz, Steve 67

REGISTER

Superspreader 30, 89, 91, 93
Symbiogenese 194–197, 205
Symbiose 132, 135, 186, 195 ff., 200 ff., 205, 210
Synchronisation 54, 57–63, 66, 68
• spontan 31, 50 ff., 67, 98
Synchronisationsphänomen 56, 58, 66, 68, 155
Synchronisationsprozess 60, 63
systemisches Risiko 143 f.

T
Tang, Chao 108
Tauber, Alfred 202
Terrorismus 20, 96, 113, 118
theoretische Physik 16, 40 ff.
Tragik der Allmende 207, 209
Trebesch, Christoph 170
Trump, Donald 169
Twitter 73, 171, 178, 180

U
Ugander, Johann 73
Ungerechtigkeit, soziale 39
Uzzi, Brian 62

V
Variation 186 f., 189, 198

Verbindungskette 70
Verhalten, kollektives 29, 31, 46, 149 f., 155 ff., 163, 168 f., 181
Verhalten, synchronisiertes 57 f.
Verschwörungserzählungen 20, 30, 75, 169
Vespignani, Alessandro 90
Vogelschwarm 28, 147, 149
Volterra, Vito 55
Voter-Modell 172 ff.

W
Wachstum, exponentielles 103
Waddington, Conrad Hal 127
Waldbrand-Modell 104 f., 110, 117
Wanderameisen 147, 150 f., 153, 163, 181
West, Geoffrey 41
Wettervorhersage 28
WhatsApp 73
Wiesenfeld, Kurt 108
Wikipedia 69 ff.
Winogradsky, Sergei 194

Z
Zelldifferenzierung 125–128
Zellhaufen 123, 125 f.
Zelltypen 123, 126 ff.
Zirkulation, thermohaline 140 f.
Zuwanderung, arterhaltende 56

Die großen Konflikte von morgen

ALLE LIEFERBAREN TITEL, INFORMATIONEN UND SPECIALS FINDEN SIE ONLINE

Auch als eBook   www.dtv.de **dtv**

Die grüne Wiege der Menschheit

ALLE LIEFERBAREN TITEL, INFORMATIONEN UND SPECIALS
FINDEN SIE ONLINE

Auch als eBook   www.dtv.de **dtv**

Die kürzeste Geschichte der Mathematik

ALLE LIEFERBAREN TITEL, INFORMATIONEN UND SPECIALS
FINDEN SIE ONLINE

Auch als eBook